士業事務所で

年収3000万円を目指す

ノウハウ

ぱる出版

士業事務所で年収３０００万円を目指すノウハウ　目次

第1章　士業事務所の立ち上げの流れ

第2章　失敗する士業事務所の考え方

第3章 成功する士業事務所のやり方①
～戦略のミスは戦術では取り返せない～

第4章 成功する士業事務所のやり方②
～習慣・マインドセット～

第5章　成功する士業事務所の在り方

［第1章］

士業事務所の立ち上げの流れ

1　独立開業のメリット

私が開業をすることを決意したのは、弁理士の資格を取得して3年半が経過したときでした。開業する旨を両親や妻に伝えたところ、特に両親からは猛反対されました。というのも、特許事務所勤務の弁理士の平均年収は700万円と高めであったからです。さらに、弁理士として開業した同僚はほとんど上手くいっていないというのを散々目の当たりにしていました。

弁護士、税理士、社労士、行政書士などの他の士業は開業が当たり前である一方で、弁理士は、約3分の2が勤務であり、開業をしているのは約3分の1でしかないという特殊な実情があります。

その理由は、日本の中小企業が99・7%であるところ、わずか0・3%の大企業が88%もの特許申請をしているという実情があるためでした。

弁理士のメイン業務は特許申請であるため、いわゆる大企業をクライアントにしなければ売上を立てるのは難しいといえる状況です。一方で、大企業は古くからある特許事務所が囲い込んでおり、大企業が新規に開業した一人事務所に切り替えるということも現実的ではありません。そのため、「開業してもどうせ無理」「リスクを冒すぐらいなら、勤務のままでいたい」と考える弁理士が多く、開業する弁理士は、全体の3分の1ほどしかいません。

私自身も開業しても上手くいくイメージが全く得られず、両親からは猛反対されました。しかし、実際に開業してみると、年収は初年度から勤務時代の1・5倍となりました。また、サービスを通じて中小企業の経営者から喜んで頂けていることを実感でき、勤務時代よりも仕事にやりがいを持つことができるようになりました。

事務所勤務だと、自分の年収というのは増やすにも限界があります。しかし、開業すると、働く時間も時給も自分の収入も自分で決めることができます。また、自分で働く場所も時間も決めることができます。

現在開業して7年経ちますが、開業時に実現したかった「好きな時に、好きな場所で、好きな人とご飯を食べに行ける」ということが実現できており、開業して本当に良かったと感じています。逆に開業しなかったと思うと、ぞっとする状況です。

開業すると大変なことは沢山あるのですが、周りの話を聞いていると、一度経営者になると二度と勤め人には戻りたくないという人が大半です。

このように開業するメリットは沢山あるのですが、リスクを伴う開業が怖いという人は多くいるかと思います。

しかし、現在は少子高齢化もあり40歳、50歳になっても働き口が見つかりやすい状況であり、さらにこれは開業して分かったのですが、仮に自己破産をしたとしても数年は起業できない、融資を受けられないといった制限はあるものの、最終的には再起できるという可能性も十分にあります。私の周りにも実際に一度は自己破産したものの、その後、再起して会社を大きくしていった経営者は何人もいます。

いずれにしても、現在の日本においては、ご飯が食べられなく、住む家がなくなるという状況にはなりません。ですので、独立開業を必要以上には恐れる必要はないと私は考えています。

また、実際に開業すると、何とかなっているというのがほとんどです。

正しい手順を踏んで、やるべきことを正確に実践すれば、開業が上手くいかないということはありません。本書を通じて、開業して成功するためにやるべきことについて学んで頂ければ幸いです。

2 開業前に準備すべきことについて

開業して事業を継続するために一番大切なことは、継続的に収益を出し続けお金が手元に残るようにすることです。

最初にやるべき一番大切なことは、継続的に収益を出せる事業モデルを策定することです。そのため、開業前にまずしっかりと決めておかないといけないのは、**①1年目～3年目までの自分の年収・時給を決める ②サービスの単価の決定 ③集客戦略の策定**です。これを疎かにする人が非常に多いのですが、しっかりとした事業モデルは、水を貯蓄するための器です。事業モデルがザルですと、いつまでたってもお金が出ていくだけになってしまい、気が付いたら借金の返済すら難しいという状況になります。そうなってしまうと事業の継続ができなくなります。

①1年目～3年目までの自分の年収・時給を決める

自分の年収・時給を決めなければ、毎月何時間働いて、いくらのお金が手元に残るのかが決まりません。これが決まらないとズルズルと働くものの、時給で換算したら実はコンビニで働いたほうが高かったということにもなりかねません。年収・時給についてだけではなく、目標は数値化して決めたものでなければ実現できません。何も決めないということはその時点ですでに経営を放棄していると言っても過言ではありません。

②サービスの単価の決定

サービスの単価は、自分の時給と連動します。市場には相場があるものの、こちらの単価をいくらにするかが経営に与える影響は甚大です。単価が低く収益が上がらない分野であれば、そもそもビジネスをする分野の対象から除外させなければなりません。

③集客戦略の策定

開業前に必要なことは、多くの人が実務経験と答えるかと思います。しかし、実際問題としては、開業して最も大切なことは集客できるかどうかという事項になります。「集客を制する者は経営を制する」という人もいるぐらい集客はとても大切です。

実務経験についても、もちろん大切です。実務経験は開業してから顧客へのサービス提供を通じて習得できます。

実際に私も商標申請の実務経験がゼロの状態で開業しましたが、半年もすれば十分に対応可能な状況になり、開業してから2年後には埼玉県で商標申請数が1位になり、3年後には商標申請の書籍を出版しています。

経営においては、集客が大切である一方で、どのような準備をすればよいのか悩む人も多いです。集客する上で大切になるのは、勝てる土俵を選定することと、集客の導線を複数持つということです。

①〜③については、第3章にて詳しく解説します。

3 開業届について

開業届は、税務署に提出します。開業届を出す時には、必ず青色申告の承認を受けるようにしましょう。青色申告の承認を受けることで、確定申告時に最大で65万円の特別控除を受けることで納税額を少なくできます。また、赤字が出た場合の純損失を最長3年間繰り越せるというメリットもあります。青色申告をしてもこれらメリットがあるだけで、デメリットは一切ありません。

開業届を提出したら、その控えは必ず持っておくようにしましょう。開業届の控えは後述する補助金の申請などに必須となります。また、一度紛失してしまうと、再発行までの手間と時間が発生してしまいます。

私は一度紛失してしまったのですが、再発行に想定以上の時間がかかり補助金の申請ができなかったという経験をしています。

4　事務所の物件の選び方について

事務所が入居する物件は、最初は小さく、家賃が安い状態から始めるのが良いです。開業当時は特に十分な売上を確保することが難しく、大きな事務所をいきなり借りてしまうと、家賃が毎月の固定費として重くのしかかってしまうからです。

私の場合、最初は家賃が月1万円のシェアオフィスに入居していました。シェアオフィスは家賃が安いのはもちろん、通信環境が整っており、さらに光熱費なども毎月の家賃に含まれています。そのため、毎月の固定費を圧倒的に抑えることができるようになります。

シェアオフィスではない通常の物件であれば、家賃の他に光熱費や通信費などが毎月発生してしまうデメリットがあります。

また、シェアオフィスは、同じように起業したばかりの仲間と毎日会えるという点が大きなメリットです。

開業すると、これまでの生活とは一変します。売上を立てなければ食べていけませんので、そのプレッシャーは会社員時代の比になりません。そのため、同じような状況で気軽に相談できる仲間の存在が大切になります。実際、開業した後に、１人で事務所に籠って誰とも会わないでいると、精神的に参ってしまうという話もよく聞きます。

さらにシェアオフィスで毎日業務をすることそのものが、営業活動であり受注に結び付くというメリットがあります。シェアオフィスの他の入居者と毎日顔を合わせるので、関係性が深まり、お互いが何をやっているかも知っているので、シェアオフィスの入居者の仲間がお客様になってくれることがありました。

また、シェアオフィスの仲間がお客様をご紹介してくれるということがあります。実際に私の場合、1年目の売上の30％以上がシェアオフィスの仲間関連の案件でした。

一方で、シェアオフィスのデメリットとしては、顧客からの信用を得にくいということがあります。そのため、私の場合、ある程度売上が安定してお金が残る状態になった後に、事務所を移転しました。

事務所を賃貸で借りる場合、売上の2〜4％の家賃であれば、経営を圧迫することはほとんどありません。

家賃が売上の10％ほどになってしまうと、負担が大きく、いくら売上を出してもお金が残らない状態になるリスクが高まります。一方で、大手企業をクライアントにしようとした場合、これらの企業は東京都の港区や千代田区以外の事務所とは付き合わない、という可能性があります。そのため、大手企業を狙うのであれば、家賃が高額になっても都内の物件にしなければならないケースもあります。ただ、この場合、大手企業を顧客化できなかった時に高い固定費のみが出ていき、費用対効果が望めなくなる可能性もあります。

利益を残すという私のスタンスとしては、家賃にはお金をできるだけかけません。そのため、高い固定費が前提となる大手企業などはそもそも顧客のターゲットから除外しています。

5 融資について（売上＝すぐに入るお金ではない）

開業時は一番お金を借りやすいため、借りられるだけ借りることを推奨します。私は、開業した初月に受注が１００万円ほどあったので、お金が手元に沢山残り、資金繰りも余裕と考えていました。しかし実際は、受注してから入金があるまでは2～4カ月かかるのです。

また、請求書を発行しても振込期限までに必ずしもお金が入るものではないということも学びました。初めて受注した特許の案件で、1月の中旬に受注し、書類を作成し納品できたのが2月の中旬でした。その後、請求書を3月中旬の振込期限で発行しました。しかし、3月中旬になってもお金が入らず、先方に連絡をすると、資金繰りに窮しており、5月末まで入金を待ってくれと言われました。その後、相手方の経理にてトラブルが生じ、さらに入金が遅れました。結局、お金が入金されたのは7月中旬でした。

この例から分かるように、受注から入金までに2カ月～6カ月ほどのタイムラグが生じることが当たり前のように起こります。つまり、開業してすぐに案件を受注していたとしても、2カ月は入金がないことを覚悟しなければなりません。

そのため、開業時には少なくとも3カ月ほどの運転資金は借り入れておくことが重要になります。

私の場合、開業時に120万円を借り入れていたのですが、先行投資の高額塾や運転資金で残高がすぐに60万円を切りました。

また、当時信頼していた人に「バリで脱毛サロンをするのに、脱毛器を買わなければならない。2週間後に返すから50万円貸してくれ。」と言われ、50万円を貸したということがありました。お金を貸した後、銀行の残高は6万円ほどになりましたが、2週間後には返済されることを信じて待っていました。しかし、2週間経っても振り込まれることはなく、開業から7年経った今でもそのお金は戻ってきていません。その2週間の間、私は残高6万の状態で経営しなければならず、不安感から夜も眠れない日が続きました。資金繰りの難しさ、厳しさを目の当たりにし、「もっと借りておけばよかった。」と後悔しました。

また、士業事務所の場合、行政手続きに伴い、収入印紙や、特許印紙を立て替えなければなりません。このような立替金はできるだけ手続き前にお客様から頂いていたほうが、未回収のリスクがなくなるとともに、資金繰りを楽にできます。

ある程度、事業が軌道に乗った後は、借りる必要性は乏しくなります。金利を銀行に支払い続けること自体が無駄な出費なので、基本は無借金での経営が理想となります。

6 開業時にもらえる補助金について

補助金は開業時に伴う、ＨＰ（ホームページ）製作費用や、名刺の作成費用などを対象にもらえます。銀行からの融資と異なり、補助金は返済不要である点が大きなメリットです。補助金として活用できるものは、各自治体の創業補助金や、小規模事業者持続化補助金が主なものになります。

各自治体の創業補助金としては、例えば東京都の創業助成金があります。こちらは東京都にて開業届を提出した人が限定とはなりますが、2年間で使ったお金の3分の2の最大300万円まで補助されるものになります。こちらの大きな特徴としては、家賃、ＨＰ製作費用などほぼすべての経費が対象になるという点です。特に家賃が対象になるという点が大きなメリットとなるため、実質的に300万円がそのままもらえるというものになります。

小規模事業者持続化補助金は、ＨＰ製作費、名刺作成費、広告費などの主に販促物などを対象に、使ったお金の3分の2の最大50万円～２００万円が補助されるものになります。販促費が対象になるため、非常に使い勝手が良く、実際に私もＨＰ製作、名刺作成、事務所の封筒の費用については補助金で賄いました。各自治体の補助金は創業時に一度しかもらえないのに対して、小規模事業者持続化補助金は毎年もらえるという点が大きなメリットになります。

補助金の申請には、事業計画書の作成が必要になります。事業計画書は、収支計画や、どの市場・エリアでどのような属性の顧客にどのようなサービスを提供するかを記載します。事業計画書の作成は手間のかかる作業ですが、作成することで事業戦略が明確になり、事業が成功しやすくなるというメリットがあります。

事業計画書は一度作成してしまえば、ベースの部分は共通しますので、毎年の補助金申請や融資を受ける際にそのまま流用できます。そのため、一度は融資を受けるなり、補助金申請をするなりして事業計画を作っておくと、恩恵を受けられるだけでなく、計画通りに事業を遂行する指針になるため、事業そのものの成功率を高めることができるようになります。

7 ＨＰの製作について

事務所を開業する時には、Ｗｅｂ集客をするしないにかかわらず、ＨＰは必須です。今の時代、どの事務所でもＨＰはあります。ＨＰもない事務所だと、顧客や提携先から、まともに経営をする気がない事務所だと思われてしまいます。

例えば、名刺交換をした時に、ＨＰのＵＲＬが名刺に記載されていないだけで印象が悪いです。また、名刺交換をした後、気になる相手であればＨＰを見ますが、そのときにＨＰがないとそれ以上の情報を知ることができません。このようにＨＰがないということは機会損失に直結します。

ＨＰを製作する際には、ドメインを取得することになります。ドメインの取得はロリポップなどで、年間数千円ぐらいで安価に取得できます。ドメインを取得しておけば、自社ドメインを使ったメールアドレスを取得できる点も大きいです。メールアドレスも自社ドメインではなくフリーのＧｍａｉｌやＹａｈｏｏのアドレスだったりすると、「ドメインもＨＰも持ってない、しょぼい人」という印象を与えてしまいます。ですので、自社ドメインのメールアドレスを取得しておくことはＨＰの製作とセットで重要です。

また、いかにも自作のデザインなボロボロのＨＰも、まともに経営をする気がない事務所だと思われてしまうため、ＨＰは製作会社に依頼することが重要になります。

ＨＰ製作会社の選び方は、Ｗｅｂ集客をするかしないかによって変わってきます。Ｗｅｂ集客をしない場合、デザインがちゃんとできる製作会社であれば、問題ありません。

一方で、ほとんどのＨＰ製作会社は、単なるデザイン会社であるためＷｅｂ集客そのものの苦手です。そのため、Ｗｅｂ集客をする場合には、きちんと対応できるＨＰ製作会社に依頼しなければなりません。

ＨＰ製作会社に依頼する場合、「運営費」という名目で毎月1万円などの費用を請求されることがありますが、このような製作会社には依頼しないように注意しましょう。

運営費とは言っても、ほぼすべてのケースで何もしてくれず、毎月の費用を請求してくるだけです。

毎月1万円といっても、1年で12万円、事業を30年継続するとなると３６０万円というコストになります。たとえ高額でなくても、こういった毎月発生する費用は必要最小限に留めるという考え方が、毎月利益を出して事業を継続する上では非常に重要となります。

また、製作会社に支払う、ＨＰの製作費は多くても30万円以内に抑えてください。経営をする上では、無駄な出費は一切しないというスタンスが重要です。相手の利益が出なくなるまで値切ったりするのは良くないですが、普通に製作すれば、30万円で製作会社にも十分に利益は出ます。

ＨＰ製作だけではなく、投資に使う金額の目安としては２年以内に回収できるか否かを基準にするとよいと思います。

さらに、ＨＰの製作費は、適正価格があってないようなものです。そのため、ＨＰ製作会社のいいなりになってしまうと、平気で50万円とか１００万円とか無駄な費用を請求されしまうリスクがあります。あるＨＰ製作会社の人が、「士業はマーケティングとかも分かっていないくせに高いお金を取れるからカモにしやすい」と言っていたことを聞き、とても悔しい思いをしたことがあります。

私の場合、最初に作成したＨＰの製作費用は10万円でした。その後、商標のＨＰと特許のＨＰをリニューアルしましたが、いずれも集客できた場合のみ売上に応じた額を支払う、成功報酬制で、制作費を０円に抑えました。

ＨＰリニューアルを決めたときに取った見積は、ＳＥＯの対策も含めていたこともあり、商標のＨＰの製作費が１００万円、特許のＨＰは３００万円でした。この見積でも支払うこと自体は可能でしたが、成功報酬制にすることで、費用の回収ができないリスクを無くしました。成功報酬の割合は、成功報酬と、受注した案件を処理する人件費などを考慮しても、私の事務所が目標にしている利益率50％を下回らないという基準で決定しました。これによって、目標とした利益を達成でき、ＨＰ製作会社だけにお金が流れるというリスクを低減させることに成功しました。

［第2章］

失敗する士業事務所の考え方

1 成果を得るための行動に対する考え方

失敗する士業事務所ほど、地道な行動を嫌がります。この気持ちは分かります。実際に世の中で一番売れる商品は、ダイエット商品で例えると、飲むだけで食事制限も運動もしなくても痩せることができる「魔法の薬」であると言われているからです。

しかし現実問題、ダイエットをするには、食事制限と運動をするしかありません。士業事務所も同じで、成功させるにはいわゆる王道と言われる方法がありますが、それ自体は地味なものが多いです。上手くいかない士業事務所ほど、王道の方法を無視した我流で奇抜なことをやろうとします。しかし、上手くいく人ほど、一見すると地味であっても王道で上手くいくことを行動として地道に積み上げているものです。

集客一つとっても、士業の場合、「交流会に所属する」「Webで集客するためにコンテンツを整える」「セミナーをする」「勉強会を主催する」「提携関係を他士業と組む」などやることは決まっています。上手くいかない人ほど、王道の方法を無視するのですが、成功した経験がない人が自己流でやっても事故を起こすだけです。

成功している士業の経営者は沢山見てきましたが、奇抜な方法で成功した人には出会ったことがありません。成功している人ほど素直で、地道な行動を積み上げることができる傾向にあります。つまり、「魔法の薬」のようなものはなく、成功している人ほど、当たり前のことを人がやらない量をやるという傾向があります。

2 経営に対する考え方

失敗する士業事務所にありがちな考え方として、実務にしか関心がないということがあります。このような士業の多くは、職人であるものの経営には関心がないケースが多いです。

もちろん、実務能力は大切です。実務能力がなければお客様からの不満に繋がりリピートしてくれません。しかし、どんなに良いサービスであっても、お客様に知られなければ存在しないのと同じことになってしまいます。また、利益を出し続けなければ事務所を存続させることはできません。経営者であれば、仕事が好きではいけません。永続的に顧客に価値を提供し続けるために、経営者は、お金を稼ぐことが好きである必要があります。

上手くいっていない士業ほど、話題が実務のみです。どうやって集客するかや、どのようにサービスをお客様まで届けるか、収益化するかなどの経営に関することを全く考えていません。

　実際に、多くの人が、開業前は実務に関心を持っていることが多いです。一方で、私も痛感しましたが、開業した後の悩みは売上アップや資金繰りになってしまいます。

　開業して上手くいかない人、つまり経営者としての感覚がない人の傾向として「自分でなくてもできることまで全部自分でやろうとする」「利益を出すことに無頓着」というものがあります。

　先日、とあるイタリアレストランに行きました。そのお店の料理は抜群においしいです。しかし、シェフ1人しかおらず、オーダーを取るのも、飲み物を作るのも、会計も、料理もシェフ1人でやっていました。そのため、注文から料理や飲み物が運ばれるまで非常に時間がかかり、リピートはないと感じました。時間がかかるため、座席の回転率も良くありません。回転率が良くないため、売上も上がりにくいでしょう。さらに、広い店舗で座席数が40席ぐらいあり、固定費も高いことが想像できました。抜群においしい料理も、素材が良いため原価がかかっているのに値段はリーズナブルなため、利益が出にくいことが想像できます。

このお店の場合、シェフは自分でなくてもできる仕事については、アルバイトにやらせ、自分にしかできない業務に集中しなければなりません。これによって、回転率は劇的に改善します。アルバイトに人件費を支払ったとしても、売上が増加するため十分に元は取れます。また、調理できるのはシェフしかいないのであれば、40席もある広い店舗は無駄です。40席すべてにお客様が座ったとして、すべてのお客様にタイムリーに飲食物を提供することができないからです。それであれば、席数の少ない店舗にして家賃を安価にしたほうがいいです。料理も他のイタリアレストランに対して、味の良さは圧倒的に差別化できており高い価値を提供できているので、価格を上げるべきです。ビジネスは値決めで失敗すると、利益が出ず継続が困難になります。

また、別の飲食店の例を出すと、こちらの居酒屋は経営者自らがお客様からオーダーを聞いて、飲食物をテーブルまで運んでいました。衝撃だったのは、年末の忘年会シーズンに行った時、全席予約でいっぱいだったのに、店内には調理をするバイトが1名と、経営者の2名しかいませんでした。店内のオペレーションが全く回っておらず、どのテーブルにも飲み物が運ばれない状態が続いていました。このような状態が続いてしまうと、飲食物が出せない分のお店としての売上の機会損失の額は小さくないものになります。また、居酒屋はリピート率が大切にも関わらず、この日来ていた人のほとんどは、二度とこの店には来たくないと感じたことでしょう。

仮に時給1000円で5名雇ったとしても5名で1時間5000円です。4時間営業したとしても2万円です。2万円で、この日の売上の機会損失をなくすとともに、リピート率を高めることができるなら、投資対効果としては安いものです。さらに、この居酒屋の経営者は、業務をバイトに委任できます。そして、自分はその時間を経営者としての付加価値の高い業務に使うことができるようになるのです。

このように、経営者としての感覚がなければ、良いサービスであっても持続できませんし、収益に結び付けることが難しくなります。

3 付き合う人に対する考え方

失敗する人の特徴として、自分と同じステージの同業者とばかり付き合うというものがあります。自分の仲がいい人が5人いるとして、その人たちの平均年収が自分の年収であるという話は聞いたことはあるでしょうか。

私は開業時にその話を聞いて、非常に衝撃を受けました。しかし、開業してから年収が増えるのに伴い、付き合う人間も変わってくるというのは事実であると自分自身の経験から実感しています。

一緒にいる人間を変えることで、自分の価値観や考え方を変えることができます。そのため、自分と同じステージの人と一緒にいてはその先の成長も見込めないということになります。自分よりもステージの高い人間と一緒にいるのは居心地が悪い面もあります。しかし、その居心地の悪さを乗り越えていくことが重要です。

私は、開業してから半年後に一定のレベル以上の社長ばかり集まる交流会に入会しました。この交流会に参加していた士業は、皆、組織化をしており、私の当時の年商の何倍も稼いでいる人ばかりでした。一緒に飲み会に行くと、皆、メニューの金額を見ないでどんどん頼むため、当時の自分では支払いが苦しかったです。また、私は1万9800円のスーツカンパニーのスーツを着ていたのですが、皆、最低でも8万円以上のオーダーのスーツを着ていました。お金の使い方含めて、ビジネスのスケール的にも自分よりも高い視座を持っていたため、一緒に話をしていて非常に心苦しかったです。

しかし、この交流会には、業界でも成功者として著名な行政書士法人の代表者が在籍していました。私は、経営のためにその人の行動や考え方を徹底的に真似しました。とにかく行動する人であり、その人にならって自分も土日もなく働きました。

このように、一緒にいる人間が変わると考え方が変わり、考え方が変わると行動が変わりました。そして、行動が変わることによって得られるビジネスの成果が変わりました。

4　時間に対する考え方

時間はすべての人に対して平等に与えられている有限かつ、最大の資源です。大きな成果を得るためには、自分の時間にレバレッジ（てこの原理）を効かせなければいけません。

失敗する人はそのような意識が足りず、時間をだらだらと浪費する傾向があります。なぜだらだらと浪費するかと言うと、そもそも自分の時給と、年収を決めていないからです。時給と年収を決めていたら、これらを達成するための行動をします。

また、時間を浪費する人がさらに良くないのは、自分自身がだらだらと時間を使うだけではなく、一緒にいる人の時間も尊重しないところです。そのため、無駄に長い打合せをしたり、調べれば分かるようなことを質問してきたり、マシンガンのように電話をかけてきたりします。

シェアオフィスに入居していた時に、ずっとオフィスでだらだらと過ごす人がいました。その人は、仕事をするわけでもなく、生産性も乏しいため年商も３００万円ほどでした。さらに、おしゃべりが好きなため、他の入居者に片っ端から話しかけては、相手の時間を必要以上に奪う人でした。

時間は有限である一方で、使い方が成果を決めます。特に開業したばかりのときは、自分の時間をお金に変えていかなければいけません。そのため、自分の時間を大切にするのはもちろん、相手の時間を大切にするという心構えが非常に重要です。

相手の時間を大切にできるのなら、同じように自分の時間を大切にしてくれる仲間や顧客に恵まれます。

5　集客に対する考え方

失敗する人は、集客を軽く考える傾向にあります。本当に驚きますが、自分のサービスの販促活動を何もやらなくていいと考えています。そういう人は、事務所に座って仕事をしていれば勝手に依頼の連絡が来るぐらいに思っています。

数十年前であれば、今ほど有資格者が飽和しておらず、そういった状況も考えられたかもしれません。しかし実際のところ、販促活動をしなければ、受注に繋がることはまったくありません。

同業他社がひしめく中、自分の事務所をお客様から選んでもらうことのハードルは思っているよりも非常に高いです。ましてや、開業して間もない頃は、顧客からしたら実績もない「どこぞの馬の骨」です。

開業して一番大変なのは、案件を受注することであると言っても過言ではありません。そして、開業して一番やらなければならないことは、販促活動です。販促活動が上手くいけば、売上と利益の増加に直結します。さらに、案件を沢山こなし実績が積み上がれば積み上がるほど、案件の受注は容易になります。飛行機が離陸するまでに燃料の半分を使うように、とにかく開業したばかりの時期が一番大変なのです。

士業の販促活動については、独特の方法を取らなければなりません。

この士業独自の集客方法については後程、詳細に解説します。

6 在り方に対する考え方

私は、仕事柄、これまで多くの起業家と会ってきました。その経験を通じて、成功する人も失敗する人も明確に傾向があることが分かりました。

失敗する人は、とにかく頑固で自分のやり方を変えようとしません。ビジネススクールなどで習ったこともそのまま実践せず、自分のやり方を押し通そうとします。

経験値がない状態で自分のやり方でやっても、上手くいく可能性は低いです。それよりも、上手くいっている人がいるなら、上手くいっている人の真似をしたほうが成功する可能性は格段に高まります。ある人から聞いた蕎麦屋の話ですが、上手くいっている店は休日に他の人気のお店を何軒も回って研究するそうです。一方で、上手くいっていない店は

「俺はこの味を守り抜く」の一辺倒で、外にも出ず、ひたすらお客様が来ないお店でじっとしているそうです。

私は学生時代にパチスロにはまっていた時期がありました。もちろんやるからには勝つことを目的としていますが、最初の頃は「こうすれば上手くいくだろう」という推測の元、自己流で店選び、台選びをしていました。その結果、大敗してしまい、友達からの借金だけが残る事態になってしまいました。自業自得とはいえ、電気もガスも水道も止められ、普通の暮らしができなくなった辛さを味わいました。その後、借金を返済した私は、パチスロで勝っている人の真似をするという方針に切り替えました。

インターネットで、パチスロで成果を上げている人のブログを読み漁り、徹底的に勝ち方を真似しました。その結果、少しずつ勝てるようになりました。勝ち方が分かってくると次は、自分なりのやり方で勝ち方を改良していきます。その結果、最終的には私は平均的なパチスロプロの何倍もの時給を得るまでになりました。

このように、いきなり自分のやり方を通すのではなくまずは上手くいっている人の真似から始めて、少しずつ自分の色を加えていくという手順を踏むことが大切です。

起業して上手くいっている人というのは、とにかく素直で実直な人が多いです。いいことを教えてもらったら、習ったことをそのまま実践します。

一方で、上手くいかない人というのは、とにかく頑固で人の話を聞かないで、自己流を貫き通そうとします。このようなエゴは単なる自己満足となってしまいます。ビジネスはお客様がいるから成立します。そのため、やはりお客様を無視してエゴで事業をやっても上手くいきません。

7 数字への考え方について

失敗する人は、売上、経費、利益などの経営に関する数字に対してとにかくルーズです。数字にルーズだと、気づかないうちにお金がどんどん減ってしまうということになりかねません。

開業すると、社会保険料、交際費、家賃などの固定費などで勤務時代とは比べ物にならない額の出費が発生します。

現在の売上に対して、どれだけの経費がかかっていて、毎月どれだけの利益が残るのか、口座の残高については、毎日チェックしなければなりません。経営の数字を毎日チェックしないというのは、例えるならダイエットで毎日の体重の計測、摂取カロリーの計算、消費カロリーの計算を怠るのと同じようなものです。

ダイエット中にこのような計算を怠ってしまうと、現状と目指すべき状態がぼやけてしまいます。そして、知らないうちに太ってしまったという状況になりがちです。

経営でも同じことが言え、事業を継続するには細かく数字をチェックするということが重要です。

私の起業家の仲間でも売上は順調に伸びているにも関わらず、無駄な出費が多く毎月赤字という人がいました。事業そのものは利益率が高いモデルのため、本来であれば売上が上がれば利益も増えていくはず。しかし、業界の相場に比べても異常に高い給与や、売上に連動した多額のボーナス、大して必要もない高額なシステムなどの無駄な設備投資によって借金まみれという状況で、現在は自己破産寸前です。いまの売上に対して、どれだけの経費がかかっていて、毎月どれだけの利益が残るのかを細かくチェックして正確に現状を把握していれば、そのような状況にはならなかったはずです。

8　お金への考え方について

失敗する人は、使っているお金が「投資」か「消費」か「浪費」かの区別がついていないことがほとんどです。ここで言う「投資」とは、将来を見越した上で使った以上にお金が戻ってくるようなお金の使い方を意味します。「消費」は、食事代や自宅の家賃など生きていく上でどうしても発生してしまう出費を意味します。「浪費」は、事業の発展にも売上にも繋がらない、いわゆる無駄遣いを意味します。

成功する人は投資にお金を使います。一方で失敗する人は、浪費が多いだけでなく、収入に対していくらまで使っていいか、毎月いくらお金を使っているかについて把握していない傾向があります。

実際にいた私のお客様ですが、毎晩のように飲み歩いて膨大なお金を使う人がいました。銀行から融資を受けた事業の運転資金までも遊びに使ってしまい、結果的に2年後に会社は倒産、自身も自己破産をしてしまいました。

使っているお金が浪費であり、さらにいくら使っているかも把握していなかったことが結局は自己破産という最悪の結果を生んでしまったのです。

［第3章］

成功する士業事務所のやり方①

～戦略のミスは戦術では取り返せない～

1　ビジネスに対する考え方

◎サービスの価格の決め方について

事務所として提供するサービスの価格は、顧客が支払ってくれるギリギリの高い金額に設定することが重要です。経営とは値決めであるというぐらい、価格をいくらにするかが経営（会社に残るお金）に与える影響は甚大です。

例えば、商標の申請費用が、1件あたり5万円で1カ月に50件処理した場合と、同じように7万円で1カ月に50件処理した場合で、どれだけの差が生まれるのかについて説明します。互いに1件あたりの処理のコスト（人件費、家賃など）は、3万円とします。ポイントは、価格を上げたからといってコストは変わらないという点です。

1件5万円の場合の1カ月の売上は250万円（5万円×50件）、コストは150万円（3万円×50件）であり、利益は100万円（250万円−150万円）となります。

一方で、1件7万円の場合の1カ月の売上は350万円（7万円×50件）、コストは150万円（3万円×50件）なので、利益は200万円（350万円−150万円）となります。

このように、価格が２万円異なるだけで利益が二倍になります。

値決めは非常に重要にも関わらず、開業時によくありがちなのが、「お客様に申し訳ない」と価格を安価にしてしまうということです。

お客様からお金を頂くことに申し訳なさを感じるというのは、私自身も開業時に経験がありました。

しかし、価格を安価にすることは、本当にお客様のためになるのでしょうか。価格は売上に直結しますが、売上とは社会に貢献した見返りだと私は考えています。

価格を安価にしてしまうことで、お客様にサービスを提供する際の覚悟が足りなくなってしまうと本末転倒です。

また、最近の士業の業界ではありがちですが、価格を安価にしてしまうと、価格競争になってしまいます。価格競争になると、全体としてのサービスの単価が下がってしまいます。そうなってしまうと、結局のところ業界全体としてのサービスが低下してしまい、長い目で見ても業界そのもののためにもなりません。

さらに、価格を安価にしてしまうと利益が出ないため、従業員に十分な給料が払えなくなるのはもちろん、事務所の継続そのものが難しくなります。

そうはいっても、安価にしないとお客様に選んでもらえないのではないかと言う人がいます。

結論から言うと、私の経験上、単価を業界の相場よりも少し高くしたぐらいでは、受注に影響がありません。

とある宝石店の話ですが、その宝石店では、宝石が思ったように売れずに困っていたそうです。ところが、価格を倍にしたとたんに宝石がすべて売り切れてしまったそうです。宝石の例では極端かもしれないのですが、値段が高いからこそお客様が価値を感じてくれるということを示す好例であると考えます。

我々のような士業のサービスも実際にあまり安くしすぎると「この先生のサービスは何か問題があるのではないか」と疑ってしまうという話を、実際に聞いたことがあります。もちろん「安い方がいい」「相見積を取って1円でも安い事務所を探している」というお客様もいます。しかし、そういうお客様は価格でしか相手のことを見ていない、質が低いお客様であるケースが多いです。

価格が高くても申し込んでくれるお金払いのいいお客様のほうがサービスの質にうるさ

く、対応が難しそうと考えるもいらっしゃるかもしれません。

しかし、実際は逆で、お金払いのいいお客様のほうが要求も少なく、お金払いの悪いお客様ほどクレームが多いです。

卑近な例ですが、例えば全品１００円の回転寿司に来るお客様と、銀座の高級寿司店に来るお客様とでは、どちらのほうがクレームが多いか想像すれば分かるかと思います。

私は高級寿司店で、クレームを言っているお客様を一度も見たことがありません。また、請求が来た後に、思ったより高いと言ったり、値切ったりする人も見たことがありません。

実際に私の経験からも、相見積サイトから来るお客様は値段にうるさく、クレームも多かったり、さらにはお金を支払わないということが起こりやすいです。値段にうるさい人ほど余裕がないことが多いのです。そのような人は心が荒んでいたり、相手に対する気遣いも足りなかったり、自分のことしか考えていないというケースが多いです。結局は、心が荒み、相手に気遣いができず、自分のことしか考えていないから人生が上手くいかず、お金も入ってこないということすら理解していません。

一方で、お金払いのいいお客様というのはお金を持っている人が多いです。お金を持っている人というのは、気持ちよくお金を使う習慣を持っていますし、相手に対して気持ちよく接することを心がけています。さらにお金を持っている人は運気を大切にする傾向があるので、クレームを言ったり値切ったりすると運気を落として、結局はお金を失うということをよく理解しています。

このように、質の高いお客様と気持ちよく取引をするためにも価格は適度に上げたほうがいいのです。

◎ 専権業務にこだわると負ける（補助金をフックとしたビジネスモデルの構築）

士業事務所は、社労士であれば助成金、税理士であれば確定申告、私のような弁理士であれば商標申請などの専権業務があります。

専権業務は、法律で資格者以外はできないように守られているため、参入障壁になり、一見すると強力な武器のようにも思えます。数十年前の資格者が少ない時代であれば、専権業務だけで十分に稼ぐことができたかと思います。

しかし、資格者が急増した昨今においては、専権業務だけにこだわっていては同業者との差別化も含めて、成功するのは難しいでしょう。

士業の業務はサービス業であり、本質的な価値はお客様に喜んでもらうことです。にもかかわらず、専権業務だけにこだわってしまうと、専権業務以外も提供してお客様へ価値を提供している同業との競争に負けてしまいます。

私が開業する時に、弁理士の特許申請業務、商標申請業務以外に補助金申請をメニューに加えていました。

補助金は例えばものづくり補助金であれば、最大で３０００万円まで補助されます。例えば、利益率が５％の会社であれば、３０００万円の現金を残すために、６億円の売上を立てなければいけません。６億円もの売上を増加させることは容易ではありません。そのため、補助金が欲しいという会社は非常に多いと言えます。

私の場合、ものづくり補助金を受注した場合、打ち合わせの際に、弁理士の専権業務である特許申請と商標申請の提案をします。ものづくり補助金を活用する企業というのは、基本的に新規事業に取り組んでいます。新規事業に伴って、新たな製品を開発するケースが多いため、そこには新製品を特許で守ったり、商品のブランドを商標で守りたいというニーズが存在するのです。

さらに、特許申請や商標申請の費用は補助金の対象になるため、クライアントの発注に対する心理的なハードルを下げることもできます。

　このように、補助金などの専権業務以外の商品を入口にして、本業へと繋げるという手法は非常に有効です。

　さらに私の場合、特許申請をしたいお客様に対してものづくり補助金を提案することで、特許申請業務とともに補助金業務を受注することもあります。

　補助金業務は基本的に補助金額の20％が報酬といった成功報酬制です。例えば3000万円がクライアントに補助金として入金された場合、その20％の600万円が報酬となります。

　このように、補助金申請の業務そのものが非常に収益性が高いものであり、さらに本業とのシナジー効果によって事務所の業績を大幅に向上させることができます。

　実際に、私の周りでも、補助金を入口に顧問契約を獲得している社労士の人や、税理士の人は大勢います。

　このように専権業務以外のものをメニューに取り入れて、相乗効果で専権業務そのものの受注も増加させるという手法は極めて有効です。

◎戦う前に勝っていなければいけない

勝つか負けるか分からないギャンブルはしない。戦う前にすでに勝っている状態にしなければいけない。これは、私がパチスロで学生時代に生計を立てていた時に一番大切にしていた考え方です。勝つか負けるか分からない勝負をした時点で、負けていると言っても過言ではありません。

例えば、宝くじというものがありますが、買ってしまった時点で負けに等しい、つまりお金を失うための行動をしています。なぜなら宝くじによって還元される金額は、40％ほどだからです。つまり、１億円宝くじが売れたとしても40％の４０００万円しか宝くじを購入した人には還元されません。残りの60％は宝くじを販売している会社に残る仕組みです。これはつまり、１万円分の宝くじを買ったとして、１万円を４０００円に換金したのと同じことをしているということになります。

パチスロはある種の投資ですが、投資をする上で一番大切なのは勝つことよりも負けないことです。この考え方は、世の中の原理原則であると考えています。実際に野球でもサッカーでも得点を沢山取るチームよりも、得点自体はそこまで多くなくても守備が固く、失点が少ないチームのほうがシーズンを通しての勝率が良かったりします。フィギュアスケートでも大技を決めるよりもミスが少ないほうが高く評価されます。

ビジネスも同様であり、とにかく負けない状態にすること、戦う前（開業する前）に確実に勝てる状態にしておくことが重要です。勝てるか負けるか分からない勝負はギャンブルであり、ビジネスではないと私は考えています。

具体的な準備ですが、私の場合は、1人で開業し、月の家賃が1万円のシェアオフィスに入居していました。光熱費もかからず、従業員もいません。年間の経費が家賃と、交通費、交際費のみですので、これらを合計した金額が年間に50万円ほどです。

最低限の生活ができる、少なくとも開業前の年収を確保するには、月に40万円も売上があればクリアです。そうなると、どう転んだとしても、月に40万円の売上を作ることができる実現性がある状態になっていれば良い、ということになります。

私の場合、開業前に提携先をいくつか作っており、開業初月の受注金額で100万円を超えていました。開業前から提携先を作って売上を作る、という勝ちパターンを持っていたため、後はこれまでやっていたいわゆる提携営業を愚直に繰り返すだけで、月に100万円の売上は見込めます。

ここで言う提携先とは、定期的に仕事を紹介してくれるパートナーになります。一番分かりやすい例では、税理士・社労士・弁護士・行政書士などの他士業が該当します。これら他士業のところには、例えば行政書士であれば一般社団法人の設立に伴い、商標申請の相談があったりします。その場合、弁理士以外の士業では商標申請ができないため、そのまま案件の紹介に繋がったりします。このような提携先が複数あると、定期的に一定数の案件をご紹介してもらえるようになります。

また、売上は提携先の増加とともに200万円、300万円となることも分かっていたので、どんなに最悪のシナリオを想定しても、最低限の月40万円の売上は死守できると確信していました。

このように、開業する前にすでに勝ちが決定している状態にすることが重要です。そのためには、とにかく毎月の固定費を抑え、最低限の売上でも利益が残る前提で戦うこと、提携営業などの自分なりの勝ちパターンを作っておくことが重要です。

また、提携先を増やすために開業前に私が取り組んだことは、高額塾に通うということでした。具体的には、志師塾という、士業がWeb集客を学ぶための塾に通いました。当時の塾の費用は40万円であり、決して安い投資ではなかったですが、へそくりを切り崩して入塾しました。士業のための塾ですので、周りの塾生も士業だらけです。私が入った当時、Ｗｅｂ集客講座16期は30名の同期がいました。高額塾は卒業まで概ね全部で６回開催されます。６回の間に同期と何度も顔を合わせるため、仲良くなれます。そして、関係性が構築できることで提携先となり、定期的に案件を紹介してもらえるようになります。

私のおすすめは、同期の塾生と仲良くなるのはもちろんですが、塾の主催者との関係性を構築することです。志師塾であれば、当時で２００名以上の卒業生がいたため、塾の主催者と関係性を構築できると、塾の卒業生全体からの案件を紹介してもらえるようになります。

塾の主催者とどうすれば関係性を構築できるのか気になる人も多いと思います。私の場合、塾の主催者に貢献することで関係性を構築しました。入塾中に成果を出し、成果報告をしっかりやることが塾の主催者への貢献となります。私が出した成果である、開業前から受注金額１００万円という数字は、当時の志師塾での最高記録となる数字でした。このような成果は、志師塾に通えば成果が出るということの裏づけになります。その結果、入塾する人が増え主催者への貢献となるため、成果の報告は重要なのです。

さらに塾の広告塔になることで、卒業生のコミュニティの中で存在感を発揮できるようになります。存在感を発揮することで、コミュニティのなかでいつの間にか「弁理士で商標申請と言えば原田さん」というブランディングができていて、案件の依頼や紹介が連鎖するという状況になりました。

◎風上ポジションを取る（オーナービジネス型）

風上ポジションを取ることは、高収益を目指す上で非常に重要です。風上ポジションとは、ざっくり説明すると、顧客との接点を最初の位置（風上）で握っているということです。風上ポジションを取ることで、受注した業務の単価も自分で決めることができます。また、業務委託する金額や、自社に残る利益の額も自分で決められます。何よりも在庫を抱えなくてもよくなるケースもあり、高収益化を図れるとともに、事業の安定性を飛躍的に高めることができるようになります。事業における利益は、このように自分がコントロールできる状態にしておくことが重要です。

もっと分かりやすく例えるならば、大手ゼネコンは風上ポジションを取っており、受注した案件を下請け企業に振っています。また、自動車メーカーは自動車部品メーカーに部品の製作を外注しています。

　コンビニで言えば、フランチャイザーである本体が風上ポジションを取っている一方で、実際に店舗を運営するほうが風下ポジションということになります。店舗を運営する人は、加盟金を本体に払います。また、毎日の商品の仕入れと在庫のリスクを抱えます。

　電子商取引で言えば、ＡｍａｚｏｎなどのＥＣサイトの運営会社が風上ポジションです。一方で、ＥＣサイトの出展者が風下ポジションとなります。ＥＣサイトの出展者は売上の一部をＥＣサイトの運営会社に支払います。また、仕入れおよび在庫のリスクもすべて出展者が負うことになります。

　広告の世界であれば、Ｇｏｏｇｌｅなどが風上ポジションを取っており、これらの広告を利用する人が風下ポジションということになります。

　私の場合、補助金の案件を受注し、受注したものはすべて業務委託先に振り分けています。補助金の業務は大型案件になればなるほど、１件の作業量が膨大となります。また、報酬のほぼすべてが成功報酬のため、補助金の申請が審査に合格しない場合、膨大な赤字を出してしまいます。私の場合、自社で補助金業務は一切処理していません。そのため、補助金業務については、固定費および人件費は０円です。また、固定費と人件費が０円のため、仮に審査に落ちてもダメージがありません。

報酬は業務委託先と折半であるものの、このような風上ポジションを取ることで、報酬イコール利益というモデルを作っています。

さらに本業の特許申請についても、申請書類を作成する従業員の数は、最小限にしています。従業員が最小限であるため、従業員に割り振る仕事がなくなるということはありません。従業員を採用しすぎると、仕事が少なくなった時に暇になる従業員が出てしまいます。これは売上に繋がらない固定費のみが発生してしまい、在庫を抱えているのと同じ状態になってしまいます。

事務所内にて処理しきれない量の案件が来た場合、これらについてはすべて業務委託先に委託しています。業務委託の人に業務委託費用を支払うものの、こちらの費用はこちらで決定できるため、事務所の利益をコントロール下に置くことができます

◎ 労働集約型になるのを回避する

開業した当初、ほとんどの事務所は従業員を雇用していません。そのため、実務だけでなく、請求書の発行から特許庁への事務処理までの全部を自分でやらなければなりません。実際に私も開業した時は、実務はもちろん、作成した書類の特許庁への提出処理から、顧客への報告および請求書の送付まですべてを自分でやっていました。

労働集約型になってしまうデメリットは、いわゆる自分の時間をお金に切り売りしている状況となってしまい、自分の労働時間の上限が売上の上限になってしまうことです。最悪なのは非常に単価が低い案件を受けてしまうことです。このようなケースを回避するために、自分の時給から逆算していくら以上の案件のみを受けるというルールを決めることが重要です。開業時は仕事も少なく不安になることも多いですが、自分のルールを決めて、案件を断る勇気を持ちましょう。

労働集約型になるのを回避するためにも、先ほど説明したビジネスの風上ポジションを取ることが重要です。また、案件については自分で処理せず、できるだけ従業員や業務委託先に振る勇気を持つことが大切です。経営者は、自分でなければできないことと、自分でなくてもできることに分けて、自分でなくてもできることはすべて人に任せ、自分でなければできないことに集中しなければなりません。

私の事務所では案件の委託はするものの、こちらでは業務委託を一切受けないことにしています。

◎嫌な顧客は切る

お客様によっては無料でサービス外の業務をやらせようとする人も少なくありません。無料でサービスを提供すると、いわゆるタダ働きになります。時間を切り売りしてさらにタダ働きとなると、お金が減り続けているのと同じ状況になり、事業としてのダメージは計り知れません。タダ働きをしてもお金は減るわけではないと言う人もいるかもしれませんが、士業にとって時間を浪費することはお金を失うことと同じ意味を持ちます。我々は時間をお金に変えることで生計を立てている以上、タダ働きで時間を失うということは、お金を失うのと同じだということです。

仮に、従業員を雇っていたとして、自分の代わりに従業員がお客様からタダ働きをさせられていたとします。この場合も従業員への給与が発生している以上、やはり同じようにお金を失っているということになります。

お客様から単価を値切られたりタダ働きをさせられてしまうと、表現は悪いですがお客様の奴隷に成り下がってしまうことになります。このような状況は、お客様にこちらの時給や所得を決められている状態になっているからです。あくまで自分の時給や所得を決めるのは自分自身であり、自分の人生を自分でコントロールできる状態であることが大切です。

多くの人は、自分の付き合いたい人に喜んでもらうためにリスクを冒してまで独立開業をしているはずです。

嫌な顧客というのは、基本的にこちらから搾取することを主眼に置いています。せっかく独立開業したにも関わらず、嫌な顧客に頭を下げて、嫌な顧客に一方的に搾取される状態を望む人はいないと思います。

嫌な顧客は、不当なクレームも多く、お金を最終的に支払わないことも多いため、付き合えば付き合うほど精神的に疲弊します。そして、疲弊した結果、本当に付き合いたい顧客へのサービスの品質にも悪影響を与えたりします。

自分自身と、事業そのものが健全であるためには、値切ったり、タダ働きをさせようとするお客様は、早期に見抜いて切っていくという発想が重要になります。
私の経験上、嫌な顧客は次のような特性を持っています。

・敬語を使わない

敬語を使わないということは、相手に対して、精神的に優位に立とうとする心理の現れです。こういう人は、マウントを取ってきたり、こちらを奴隷化して搾取しようとする傾向があるため要注意です。

・質問がやたらと多い

質問されればされるほど、こちらは時間を奪われます。それにも関わらず、質問を繰り返ししてくるということは、こちらの時間を尊重していないからです。こちらの時間を尊重していないということは、こちらのことを軽く見ているということになります。

先ほど説明した通り、時間はお金としての価値があるものです。こちらの時間を無駄な質問を繰り返すことで奪ってくるのは、お客様ではなくむしろ盗人であるぐらいに思っておいても良いかもしれません。

・相手が置かれている状況を尊重しない

自分の都合を最優先して、こちらの都合は一切無視する人も要注意です。こういう人の傾向として、やたら電話をかけてきたり、オフィスアワー以外での打ち合わせを強要したりします。

こういう人は、自分さえよければ他人がどうなっても構わないというマインドです。

・お金払いが悪い

お金を支払わない人には最も注意が必要です。売掛金の回収は、経営をする上でとても大切な要素です。回収ができないと、その売上の部分がそのまま利益から消えてしまいます。役所に支払う印紙代を立て替えている場合は、立て替えた分がそのまま赤字となり大きなダメージになります。

こういう人は、値切ってきたり、支払いについて交渉をして来たりしますので、それらのサインを見逃さないようにすることが重要です。

万が一、お金が支払われない場合には、最終的には支払い督促などで回収をしなければなりません。そのためにも、見積のメールのやり取りを残したり、事前に支払いについて契約を締結しておくことが重要です。

そもそもお金を払わないということは、飲食店での無銭飲食と同じことです。普通の人間であれば、モラル的にできないとは思いますが、こういう人は「今はお金がない」「他の支払いに使ってしまった」といったことを平気で口にします。

経営するということはリスクを伴うものであり、覚悟が必要です。お金が払えないなどという人はそもそも大した覚悟がない、甘ったれた経営者です。

私は経営する上で、払わなければならないお金は、自分の自宅や車、そして最後は自分の臓器を売ってでも支払う覚悟があります。払わないと銃殺されるのが分かっているが払えない、ぐらいの状態のことを本当に払えない状態というのです。

こういう人のほとんどは単に支払う優先度が低いという程度のものであり、この程度の覚悟しかないため、経営も上手くいかない人が多いです。

嫌な顧客と付き合っていると、金銭を失うだけではなく、精神的にもとても疲弊します。

独立したばかりの時は、顧客も少なくお客様を切る勇気がないというのが一般的かもしれません。しかし、せっかく独立したのに、付き合いたくもない人間といやいや付き合うのは非常に不幸なことです。
そのため、嫌な顧客は早急に見極めて、バサバサと切ってしまうことが重要です。

◎パート、業務委託を活用する

経営を安定させるためには、パートや業務委託を活用するということが有効です。経営をしていると、案件が多い月もあれば少ない月もあります。すべての案件を正社員のみで対応してしまうと、案件が多い月であれば問題ないのですが、少ない月の場合、暇な正社員が出てしまうことが問題です。このようなやる仕事がない正社員は、在庫と同じ扱いになってしまうため、会社の収益を圧迫します。

そのような状態にしないために、繰り返しお話ししますが、正社員の数は到底その数ではすべての案件を処理できないぐらい、最小限にすることが大切です。正社員で処理できない案件については、業務委託やパートで対応します。そうすると、案件が多い時は業務委託とパートで対応でき、案件が少ない時であってもそもそも最低限の数しかいないため、正社員がこなす仕事がなくなるという事態にならなくなります。

さらに、正社員を採用してしまうと、社会保険料が増加してしまうというデメリットがあります。勤務している時は分からないのですが、実は社会保険料の半分は会社が負担してくれています。この社会保険料が非常に高く、社員の年収にはよりますが正社員を５名ほど採用するとなると、毎月50～70万円ほどになります。毎月ですので1年単位で出ていくお金としては６００万円～８４０万円になります。業務委託のメリットは、案件の数に応じた効率的な経営ができるだけではなく、社会保険料を削減できるという点になります。

パートについては、弊所ではお子さんがいらっしゃるママさんを積極的に採用しています。お子さんがいらっしゃる人は、能力の問題ではなく家庭の事情にてフルタイムで働けない人が多いです。そのため、能力自体は高い人が多いです。さらに、育児の合間の限られた時間で働くため、短時間で非常に集中して高い成果を出す傾向にあります。労働生産性そのものは高く、さらに社会保険料も抑制できるため、高収益を実現するには、パート、特に育児中の人を採用することをおすすめします。

◎ 売上ではなく利益率・利益額から逆算する

皆様は経営をする上で、売上を高めることと、利益を出すことのどちらが大切とお考えでしょうか。

様々な経営者と出会いましたが、経営をする上で一番大切なのは売上を出すことだと考える人が多いと感じています。

色々な考え方があるとは思いますが、私は売上ではなく、利益を出すことが一番大切だと考えています。経営指針として、私が一番大切にしている価値観は「富の最大化」です。

売上がいくら上がっても、利益が出なかったり、最悪、赤字だったとしたら、キャッシュは残りませんし、社員の給料を上げることも、税金を納めることもできません。

事務所を経営する上で大切なことは事業を継続することです。

そのためには利益を出し続けることが必須です。

事業の安定性としても売上よりもとにかく利益率を高めることが重要です。

例えば、売上が10億円で利益率1%の会社と、売上が1億円で利益率10%の会社では、どちらが事業として安定するでしょうか？

どちらの会社も利益が１０００万円という点では同じです。しかし、前者は売上が10％下がっただけで、数千万円の赤字に転落します。一方で後者であれば、売上が10％下がったところで、利益の額としてはほぼ変わらない額が残ります。

このように、売上規模としては無理に大きくせず、売上の質を上げ、小さく、手堅く利益が残る形にするということが非常に重要です。

会社にキャッシュを蓄積する額の目安としては、仮に売上が０円でも12カ月は社員に給料を支払うことができるという設定を私はしています。

売上が０円になっても何カ月か持ちこたえるだけの財務体制を持っていれば、昨今のコロナのような事態になっても会社は存続できます。

会社を経営していると、リーマンショックや、東日本大震災のように未曽有の危機が定期的に発生します。そのため、危機が発生する前提で会社は経営しなければなりません。危機が訪れたことであっさりと潰れてしまう会社はそもそも財務状況が芳しくないところばかりです。

強い風が吹いた時に、しっかりと根を生やしていない草から吹き飛ばされます。

未曽有の危機が訪れた時ほど、会社の本当の強さがあらわれるとも言えます。

因みに、キャッシュが少なくなった場合の支払いの優先度としては、買掛金の支払いでも銀行への返済でもなく、従業員の給料の支払いが一番高くなると私は考えています。

私は、経営者の一番大切な仕事は従業員に給料を支払うことであると考えています。やはり会社は従業員があってこそ成り立つものであり、従業員の生活を支えるということが経営者として果たすべき最大の使命であると考えているからです。


学生時代に私は、「銀座まるかん」のサプリメントをよく購入していました。銀座まるかんは、斎藤一人さんという、実業家が創業した法人です。斎藤一人さんですが、1993年から2004年まで12年連続で全国長者番付で10位以内に入っている方です。年収は30億円、総資産は200億円と言われています。

斎藤一人さんの会社は、とても小さな会社で従業員もほとんどいません。事業所もとても小さいことから売上に対する固定費はほとんど発生しないものと思われます。

一方で、ここまで利益を出せる要因は、銀座まるかんが、代理店方式でサプリメントを販売しているからであると考えます。代理店は、整体院や、ネイルサロンや、酒屋さんなどの店舗を持つ人々です。そして、サプリメントが売れた分だけ、銀座まるかんに利益が入る仕組みとなっています。

サプリメントの在庫や、固定費がかかる店舗などの経営上のリスクや負担は代理店側が負います。

このように本部の銀座まるかんには、利益が堅調に入る仕組みとなっています。仮に、代理店以外にも自社で店舗を持った場合、売上そのものは上がるかもしれません。しかし、店舗の数が増えれば増えるほど、固定費も増えますし、店舗内に在庫を抱えるリスクも発生します。このようにビジネスとしては代理店方式にしたほうが、利益率が高くなり安定性が高くなるということが言えます。

私がビジネスで目指す形は「減収増益」であり、このように利益を着実に残すことこそ、事業継続には重要であると考えます。

◎　B級立地にオフィスを構え家賃は売上の2％以下にする

事業継続にはお金が増え続ける状態にすることが重要です。企業が消滅する理由の多くが、資金繰りが立ち行かなくなってキャッシュアウトしてしまうことだからです。

利益は、入ってくるお金と出ていくお金との差分になります。入ってくるお金のほうが出ていくお金より多ければ黒字となります。一方で、入ってくるお金よりも出ていくお金のほうが多ければ赤字となります。

売上というのは、状況に応じて変動する可能性があり、不確実性があります。例えば、コロナ禍のように、飲食店やホテルの売上が急激に下がることがあります。また、士業であっても、裁判所に出廷できなくなり弁護士の売上が下がったり、外国人の入国が制限されることでビザ申請をする行政書士の売上が下がったりします。

このように売上が下がっても家賃、光熱費などの固定費はそのままの額が毎月定額で発生してしまいます。売上が下がったのに、固定費がそのままである場合、赤字に一気に転落するというケースにもなりかねません。そのため、不確定要素がある売上よりも、毎月確実に下げることができる固定費を下げるということが重要になります。

固定費の中で大きな要素を占めるのが家賃です。家賃は、場所によって大きく異なり、私が事務所を構えるさいたま市と都心部とでは、坪単価で家賃が10倍ほど異なるケースもあります。

私は、目安としては家賃を売上の2％以下にすることにしています。例えば、月の売上が1000万円の場合、目標とする家賃は1000万円の2％の20万円になります。仮に家賃が10倍になってしまうと、毎月２００万円の固定費が発生してしまいます。月の家賃が20万円の場合と２００万円の場合とでは、1年間で２１６０万円（１８０万円×12カ月）もの差が発生してしまいます。

仮に月の売上が１０００万円で利益率が20％（20％の利益率は非常に優秀な部類になります）の場合、年間での利益は２４００万円（１０００万円×12カ月×20％）になります。家賃で２１６０万円の増加となるだけで、年間での利益は２４００万円から２４０万円になってしまいます。利益の額としては、10分の1になってしまうのがお分かりになるかと思います。

このように家賃の固定費というのは、経営に与えるインパクトが大きいにも関わらず、見栄のためなのか身の丈に合わないオフィスに入居している事務所は意外と少なくないと感じています。

都心の一等地にオフィスを構えなければ、大手企業を顧客にするのが難しいという声が聞こえてきそうです。しかし、ここまでのリスクを負って、利益を削ってまでして都心にオフィスを構える意味がないというのが私の考えです。

大手企業は大量に発注はしてくれるかもしれませんが、その分、1件あたりの単価は安価だったりします。低い単価に高い固定費のせいで、どんなに大量に案件をこなしても利益が出ないことが容易に想像できます。また、このような大口の大手企業に取引を切られてしまうと、一気に売上が下がるにも関わらず、家賃はそのままというリスクが常に隣り合わせということになります。

丸の内にオフィスを構える大手事務所の月の家賃は、1億5000万円という話を聞いたことがあります。その事務所に勤務する人からは、大手企業からの単価も安価で、利益率も低く、従業員の給与も十分ではないという話を聞いたこともあります。そのような状態になるのであれば、むしろ都心に事務所を構えなければ取引をしてくれない企業は、顧客の候補から除外したほうが経営としては安定します。

◎ ニーズの裏のニーズを追求する

あなたはお客様が何を望んでいるか把握しているでしょうか？ また、お客様が望んでいることを整理できているでしょうか？ これらが明確になっていない場合、独りよがりなサービスになってしまう可能性があります。

そうなってしまったサービスは、そもそもお客様が望んでいないため、受け入れられないということになってしまいます。

商品・サービスにお金を払うのはお客様です。そのため、商品・サービスは基本的にはお客様がお金を払ってでも欲しがるものでなければなりません。

むかし、ある番組で潰れそうな飲食店を繁盛店が立て直すというものがありました。その番組に出ていたラーメン屋ですが、店主が「自分はこの薄味こそが最高だと考えているから、これ以外のラーメンは出さない」と我を通していました。繁盛店の人がその薄味を食べた時のコメントがとても印象的で「久しぶりにまずいラーメンを食べた」というものでした。当然､お店の中はガラガラです。いくら自分が薄い味のラーメンが好きでも、こってり味のラーメンが求められているなら、そちらを提供すべきと考えます。

開業時にお客様のニーズを把握するというのはとても大切ですが、ニーズの裏のニーズを追求することが大切だと、私の営業の師匠から教わりました。私の営業の師匠はキーエンスの営業部の管理職で、自分自身でも営業成績のＮｏ・１を取っている人でしたし、人材の育成も得意でチームでも営業成績Ｎｏ・１を取っていました。

その方に、キーエンスではニーズの裏のニーズを把握することを重要視していると教わりました。日本の企業は、顧客のニーズを超えたものが付加価値であると考えていますが、キーエンスでは顧客のニーズを超えるものは無駄という師匠の言葉が印象的でした。例えば日本の企業が過去に製品化していた、いわゆるガラパゴス携帯には、使いもしない機能が沢山搭載されていました。当時の日本の企業は、このような使いもしない機能を付加価値と勘違いして、そこに研究開発費を投資していました。その結果、携帯電話の分野では、世界的に競争に負けるということになってしまいました。

私が師匠から教わった、ニーズの裏のニーズを把握するプロセスは3つであり、**①お客様のニーズを把握する。②ニーズを生んだ背景・状況を整理する。③お客様の真の悩みを把握する**ということです。私は、この3つを開業前に考えました。

各プロセスについて具体的に説明します。

①お客様のニーズを把握する

お客様のニーズを把握するには、、お客様のニーズを表す言葉「~したい」「~が必要だ」「~を探している」「~するのが目標だ」「解決したいのは~」などをしっかりと聞き分けます。お客様との面談中は耳を傾けて、勝手な思い込みをしないことが重要です。

②ニーズを生んだ背景・状況を整理する

このプロセスでは、質問を繰り返すことでお客様から引き出します。質問については「なぜ？」を繰り返したり、理想の状態を聞いたり、現状の不満を引き出すものが有効です。

③お客様の真の悩みを把握する

ニーズの裏のニーズを引き出した後は、質問を業種、規模ごとに言語化してまとめることが重要になります。また、お客様を理想の状態にするための解決策を整理したり解決策を持っている人を探すことでお客様に対して高い価値を提供できるようになります。

私の事例でご紹介すると、次のようになります。

①お客様のニーズ：特許申請をしたい。
②ニーズを生んだ背景・状況：既存事業が価格競争。新規事業で価格決定力を持ちたい。
③お客様の真の悩み：会社を利益体質にしてより多くのキャッシュを残したい。

このうち、①お客様のニーズ：特許申請をしたいというのは、お客様が必要性を感じている顕在ニーズであり、付加価値になりえるものです。

そして、②ニーズを生んだ背景・状況：既存事業が価格競争。新規事業で価格決定力を持ちたいから導き出される、③お客様の真の悩み（ニーズの裏のニーズである）：「会社を利益体質にしてより多くのキャッシュを残したい」を解決することにサービスの高付加価値は集中します。

◎ 広告費を使うと広告会社の代理店に成り下がる

高収益を実現するためには、広告費は使ってはいけません。ビジネスでは風上ポジションを取らなければ、高収益を実現できないからです。

Ｇｏｏｇｌｅや食べログなどのサービスの売上のほとんどが広告料収入です。これらの企業は風上ポジションを取り、売上がほぼ利益の広告料収入で高収益を実現しています。

例えば、利益率10％の案件があったとします。その場合、売上が１００万円だとしたら10万円の利益が残ります。しかし、その案件を受注するために5万円の広告費を使っていたとしたら、５万円の利益しか残らなくなります。

つまり、案件を受注して汗水垂らして業務を遂行しても、利益の半分は案件の処理については何もしていない広告会社に流れてしまいます。

このような状態ですと、結局は広告会社の利益のために頑張っているということになってしまいます。

風上ポジションを取るには、案件の受注元を握っており、案件の受注を自らの力で可能な状態になっていることが必須です。

我々士業が、案件の受注元を握るには、後述する紹介営業にて案件を獲得し続ける仕組みを構築することが最も有効になります。紹介にて顧客を獲得し続ければ、そこに広告料は１円も発生しません。

また、広告を使って獲得できる顧客と、紹介によって獲得できる顧客とは質が全く異なります。表現が悪いのですが、広告を使ってＷｅｂなどを通じて問い合わせをしてくる顧客は、野球で例えるなら、ドラフト会議で指名に漏れたような顧客です。

本当の優良顧客、ドラフト上位指名の顧客は、紹介でしか獲得が困難というのが現実です。

2 集客に対する考え方

◎ No・1戦略

士業事務所として成功するには、ブランディングがとても重要になります。ブランディングができないと、士業は、その他大勢の中の1人と認知されてしまうためです。開業したばかりの「どこぞの馬の骨」とお客様や提携先の候補から認知されてしまうと、相手にしてもらえません。

ブランディングとして非常に有効なのは、特定の分野でNo・1と認知させるいわゆるNo・1戦略となります。

皆様は、日本で一番高い山と聞かれて、多くの人が富士山を思い浮かべると思います。一方で、日本で二番目に高い山は何かと聞かれて、北岳と答えることができる人は少ないのではないでしょうか。このことからも世の中では、No・1のみが認知され、No・2以降はほとんど認知されないと言えます。

士業も同様で、特定の分野でNo・1以外は認知されにくいという実情があります。このように言うと、「Ｎｏ・１が認知されるのは分かるが、Ｎｏ・１の実績を作るのは難しい」と思われるかもしれません。確かに、全国でＮｏ・１を取るのは難しいと思います。しかし、Ｎｏ・１というのは実は事業分野を絞ることで自分で作ることができます。事業分野は、商圏、専門分野、対応業種、実績、年齢などを組み合わせて絞っていきます。

例えば、税理士の業界は登録している人の平均年齢が60歳で、20代で開業するという人が非常に稀という実情があります。私の知人の税理士の例では、商圏（八王子）と、年齢（20代）と、専門分野（起業専門）という分野を組み合わせて、八王子で一気に拡大した人もいます。

私の例ですと、開業時は、商圏（新宿区）で、専門分野（ＩＴ専門）で、実績（特許取得率95・４％）がＮｏ・１というポジショニングにて開業して、順調に受注を増やしていきました。その後、開業して2年目に埼玉県では商標の申請数がＮｏ・１であるということに気づき、事務所を埼玉県に移転させました。その結果、商圏（埼玉県）で実績（２０１７年度商標申請数がＮｏ・１）というブランディングを行い、翌年の２０１８年には商標申請の受注件数を３０１％増加にさせることに成功しました。このように、商圏、専門分野、対応業種、実績、年齢などの各要素を2～5個を組み合わせることで、Ｎｏ・１である分野は作り出すことができます。

最初は申請数が年間98件程度でしたが、それでも埼玉県では商標申請数はＮｏ・１でした。実際は、大した数ではないのですが、Ｎｏ・１と認知されることによって周りの士業からも一目置かれるようになり、提携先を一気に増やすことができました。また、顧客からも埼玉県で商標申請と言えば原田事務所と認識され、直接の依頼が増加しました。

その後も毎年２００～３００％ほどで案件は増加し、２０１９年には全国で17位の申請数にまでなり、２０２０年には申請数が１年間で３３２２件となり、全国で２位となりました。

埼玉県にてＮｏ・１を取った２０１７年から比較すると、２０２０年には30倍ほど受注が増加したことになります。

また、全国で2位という実績を前面に押し出すことで、周りからはさらに一目置かれ、案件の紹介の増加に繋げることができるようになります。

このように、士業事務所を経営する上では、最初は小さい分野でもいいので、何かしらＮｏ・１の分野を作り「すごい」と周りに認識させることが重要です。

2017 年に新宿区から埼玉県に事務所移転

194	原田国際特許商標事務所(埼玉県さいたま市中央区本町東)	98
195	清水国際特許事務所(東京都新宿区新宿)	98
196	稲木特許事務所(東京都千代田区麹町)	98

出典：『日本の商標 500 2017 年度版』(大倉昭人 著 / 知財ラボ 刊)

▼

2018 年は申請数が **301%増**

58	伊東国際特許事務所(東京都千代田区丸の内)	297
59	原田国際特許商標事務所(埼玉県さいたま市中央区本町東)	295
60	アンダーソン・毛利・友常法律事務所	286

出典：『日本の商標 500 2018 年度版』(大倉昭人 著 / 知財ラボ 刊)

▼

2020 年　申請数全国 2 位

事務所一覧

全2361事務所中 1 - 30番 (目次に戻る)

index	事務所	公報件数
1	特許業務法人Toreru(東京都世田谷区玉川)	3735
2	原田国際特許商標事務所(埼玉県さいたま市浦和区上木崎)	3322
3	はつな知財事務所(東京都港区元麻布)	3212
4	みなとみらい特許事務所(神奈川県横浜市西区みなとみらい)	2655
5	霞門国際特許事務所(東京都中央区日本橋)	2279
6	TMI総合法律事務所(東京都港区六本木)	1837
7	特許業務法人JAZY国際特許事務所(東京都千代田区内幸町)	1452
8	東京金子特許事務所(東京都新宿区西新宿)	1398
9	特許業務法人三枝国際特許事務所(大阪府大阪市中央区道修町)	1244
10	坪内特許事務所(東京都八王子市子安町)	1234

出典：『日本の商標 500 2020 年度版』(大倉昭人 著 / 知財ラボ 刊)

◎ 出版する

出版は、士業事務所のブランディングをする上で、非常に重要です。私が開業したばかりの頃、行政書士の人が運営する士業の経営塾に参加していました。その講師の人は出版によるブランディングによって売上を伸ばしている人でした。

今でも覚えているのですが、その行政書士の人は、士業は出版して成功するか、出版しないで廃業するかのどちらかしかないとまで言っていました。

士業は、前述したように「その他大勢」や「どこぞの馬の骨」と認知されると、お客様や提携先候補から相手にされにくくなり、結果、業績を伸ばしにくくなります。

私自身も商標申請の書籍を出版しました。出版した実績は、HP、名刺など様々な媒体に掲載できます。出版をすることで、その分野の専門家であり、権威であると認識されやすくなります。士業事務所を成功する上でのボウリングのピンを一投ですべて倒すためのセンターピンは、出版して著者になることであると言っても過言ではありません。

とは言っても、「自分に出版なんてできない」「そこまでの実績はない」と考えられるかもしれません。私もそのように考えていましたが、私自身、商標の実務経験が2年しかない状態でも出版できています。

なお、自費出版であれば比較的容易に出版できますが、出版は商業出版でなければ権威性という観点からはあまり意味がありません。

商業出版のほうが当然ハードルは高いのですが、きちんとした手順を踏めば出版はできます。

次の項目では出版するための手順や、留意事項について解説したいと思います。

◎商業出版するための具体的手法

出版に際して、まずやらなければならないことは出版企画書を作るということです。出版するには出版社の担当者に「この本を出版したい」と思ってもらわなければなりません。

そのため、出版社の担当者のニーズから逆算して出版企画書を作ります。

絶対に自分が書きたい内容にしてはいけません。あくまでも出版社側の目線から出版企画書を作ることが大切です。

出版社も本が売れなければメリットがありません。そのため、出版社の担当者には販売部数を見込めると思ってもらわなければなりません。

具体的には、本を購入する可能性のある人が一定数望めること、時代の流れやトレンドを組み込んでいることがポイントになります。

出版企画書を作った後は、企画書を送付する出版社のリスト化をします。

出版社のリスト化は、大型の書籍店などに行き、自分が出版しようとしている書籍の類書を調べます。類書を出しているということは、この出版社は当該分野の書籍を出版したいという傾向があるということになります。

こうして、30~50社ほどの出版社を選んだら、類書を出版した担当者の名前と送付先を控えます。出版社の担当者や送付先については、書籍の最後の頁に通常は記載があります。

こうして集めた出版社に出版企画書を郵送で送り、後は先方からの連絡を待ちます。私の場合、出版の企画書を30社ほどに送ったところ、5社から返信があり、その後、打合せを行い2社から商業出版を決めることができました。

◎出版したらＡｍａｚｏｎのカテゴリー1位を取る

出版してからは、Ａｍａｚｏｎのカテゴリー1位を取ることで、より権威性を高めることができます。私の場合、「発明・特許」「ビジネス法入門」「中小企業経営」の3部門にて販売数1位を取りました。Ａｍａｚｏｎで1位を取ることは難しく感じられるかもしれませんが、こちらは戦略さえ誤らなければ誰でも1位を取れます。

まず、1位を取るための基本的な考えですが、Ａｍａｚｏｎでの1位はある時間帯で、あるカテゴリーで購入された数が一番多ければ取ることができます。

書籍には多数のカテゴリー存在するのですが、そのなかで一つでもカテゴリー1位を取れば、1位取得を謳うことが可能になります。カテゴリー、時間帯ともに1位になりやすいものがあるので、それを選ぶことが重要です。

すなわち、基本的な戦略は、1位を取りやすいカテゴリーで、かつ、取りやすい時間帯に本を集中して買ってもらうという、一点集中戦略になります。

私は、これを実現するために、以下の手順を踏みました。

1．登録するカテゴリーの決定
2．Amazonキャンペーンを行う日時を決定
3．Amazonキャンペーンの告知
4．キャンペーン開始後に、必要に応じてカテゴリーの変更

以降、詳細を説明します。

1．登録するカテゴリーの決定

自分が勝てるカテゴリーを選ぶことが非常に重要になります。

私の場合、「発明、特許」のカテゴリーは、全体ランキングで5000～10000位ぐらいなら、一位を取れる状況だったため、まずはそれを選び、ほかに同じような状況のカテゴリーを2つ、合計で3つのカテゴリーを選びました。

一方で、100位～200位ぐらいでなければ一位を取れないカテゴリーもあり、そういったカテゴリーでの勝負を避けることも重要です。

カテゴリーを選んだら、事前に登録します。カテゴリーの登録は、私の場合、出版社にお願いしました。

2．Amazonキャンペーンを行う日時を決定

キャンペーンを行う日時を決定します。

時間帯としては、あまり本が購入されない時間帯を選ぶことが重要になります。

一番理想なのは深夜のようですが、本の購入をお願いする人の負担になっては申し訳ないので、私の場合、20：00～24：00にしました。

曜日としては、本の購入をお願いする予定の交流会が開催される前日の木曜日に設定しました。交流会が開催されるのが毎週金曜日のため、前日は準備で遅くまで作業をしている方も多いと考えたからです。

最終的に、2月28日（木）をキャンペーンを開催する日として決定しました。

3．Amazonキャンペーンの告知

キャンペーンの日時が決まったら、事前にFacebookなどで日時の告知を行います。

これによって、Amazonキャンペーンで集中して購入してもらうことを促せます。

告知は販売が開始した直後に行い、3日～4日おきにリマインドをすると良いでしょう。

もちろん、当日の告知、キャンペーン開始時の告知も非常に重要です。

また、周りの協力者にキャンペーン開始の告知を行って頂くように事前にお願いしておくと非常に有効です。

私のように交流会に参加している場合には、交流会のメンバーに事前にキャンペーンの日時を告知しておくと良いです。

私の場合、BNI、TEXという複数の交流会に参加していましたので、それぞれでお願いをしました。（こちらからの援護射撃が非常に有難く、心より感謝しています。）

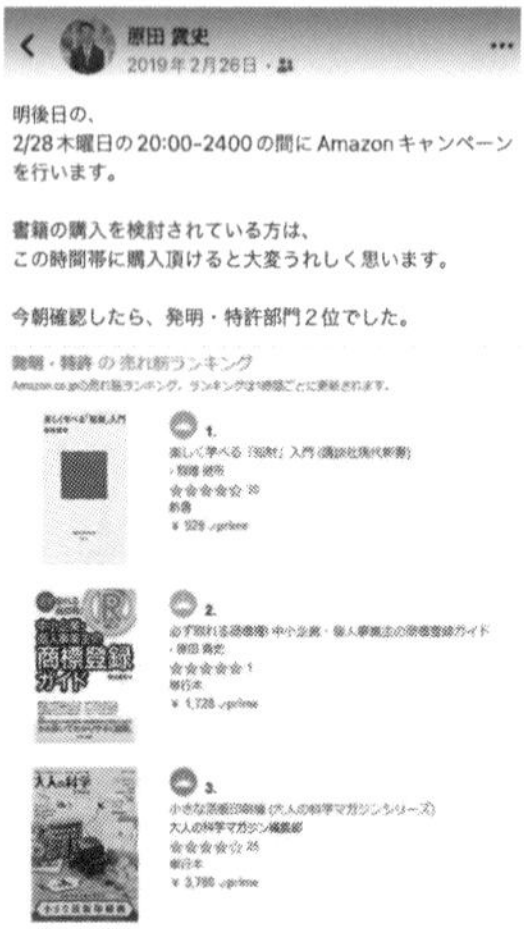
原田 貴史
2019年2月26日・
明後日の、
2/28木曜日の20:00-2400の間にAmazonキャンペーンを行います。
書籍の購入を検討されている方は、
この時間帯に購入頂けると大変うれしく思います。
今朝確認したら、発明・特許部門２位でした。

4．キャンペーン開始後に、必要に応じてカテゴリーの変更

キャンペーン開始後は、順位が上がるまで時間がかかります。

私の場合、20：00にキャンペーンを開始したのですが、24：00ぐらいまでは総合順位が32000位ぐらいでした。

それが、24：00になった頃に急に、32000位 → 800位まで上昇しました。800位まで上昇したので、「発明・特許」カテゴリーで1位を取れたため、すぐにスクリーンショットの画像を保存しました。また、ハードルが高めの「中小企業経営」カテゴリーでも1位が取れていたので、そちらの画像も保存しました。

後々にWebなどで、1位を取ったことをアピールするために、画像の保存は必須になります。

翌日には、順位が800位→400位まで上昇しました。

400位まで上昇したため、ハードルが高めの「ビジネス法入門」カテゴリーでも1位が取れると思い、そちらにカテゴリー変更をし、1位取得の画像を保存しました。

1位を取ったときに撮影した画像は、自分の権威性を高めるために名刺に載せたり、HPに掲載します。

◎ Ｇｏｏｇｌｅのクチコミを集める

Ｇｏｏｇｌｅのクチコミは、近年、特に参照されることが増えてきています。そのため、良い評価を集めることは集客する上で有効に作用します。

クチコミの登録を依頼するタイミングとしては、仕事が上手くいったときが良いです。例えば商標申請であれば、審査に合格したタイミング、ビザ申請であれば在留資格が認められたタイミングが良いです。このようなタイミングは顧客が一番満足している時であり、良いクチコミを集めやすいからです。

弊所の場合ですと、クチコミを投稿してくれたお客様に次回以降の申請の際に割引を適用することで、さらにクチコミを集めやすくしています。

最近のお客様は、紹介であっても事務所のＷｅｂサイトをしっかりと見ています。また、提携先の候補となりえる他士業の方も、相手の事務所のホームページやクチコミはしっかりと見ています。良いクチコミを集めることで、Ｗｅｂからの問い合わせを増やせるだけではなく、紹介の数や成約率を高めることができるようになります。

●HP掲載のイメージ

●Googleの口コミ

◎ 高額塾について

高額塾に入ることは、顧客や提携先を開拓する上で非常に効果的です。高額塾は通常、6回ほどの講座であり、毎回参加することで同期と仲良くなれます。また、講座の後は懇親会があるため、懇親会を通じて関係性を構築できます。

私の場合、開業した年に4つの高額塾に通っていました。開業した当初は売上のほとんどが同期だった塾生や、塾生からの紹介からの案件でした。

また、高額塾のノウハウは実践的なものが多いです。高額塾にて学んだことを実践することで、業績を向上させることもできます。

私の場合、営業経験も経営した経験も全くなかったため、塾で学んだことは非常に有益でした。

大切なことですが、学んだことは素直に愚直に実践しましょう。どんなにいいことを聞いても、実際に学んだことを行動に移さなければ、何の成果にも繋がりません。

ただ単に、「いいことを聞いたな」という自己満足で終わってしまうために、せっかくの投資が無駄になってしまいます。

高額塾で様々な方とお会いしましたが、実際に成功する人は、行動が早く学んだことをすぐに実践する傾向にありました。

このように高額塾にて学んだことを実践すれば成果は出るのですが、成果が出た後に塾に成果報告をすることが重要です。このような成果報告があったということが塾にとっての実績になり、次の塾生を呼び寄せるための要素になるため、塾の運営者から非常に喜ばれます。

実際に私が初めて通った塾は、弁理士の受講生は過去に数えるぐらいしかいませんでした。しかし、私が成果報告をした後、同じようにこれから開業する弁理士の受講生が増加したということがありました。

また、成果報告をして塾の運営者にメリットを与えることで、塾の運営者からは喜ばれ、仕事の紹介にも繋がりました。このように成果報告は自分の利益にも繋がりますが、誤解がないように補足しますと、あくまでも成果報告は自分のためではなく塾の運営者のために行わなければいけません。

また、これから受講する方を勇気づけるために行わなければなりません。何事も、自分のためだったり私利私欲のために行動してしまうと、どうしても相手にそれが伝わってしまい「計算高い、ただの嫌らしい人」に成り下がってしまうからです。また、自分がやった行動というのは、結局は自分に返って来るという原理原則があると私は考えています。

つまり、自分の私利私欲ばかりを考えてしまうと、どうしても似たような人ばかり周りに集まってきますし、回り回って自分にとって不都合な出来事となって返ってきてしまうということです。

塾の同期も経営者ですので、相手の人間性をとてもよく観察しています。いい人に恵まれたかったり、深い信頼関係を相手と構築したいのであれば、目の前の人を心から思いやり、まずは自分から価値を提供するという姿勢が必須となります。

◎ 交流会について

開業すると様々な交流会に参加しないかと声がかかることも多いと思います。交流会は、主にお互いに顧客を紹介しあうことも目的にしています。

士業事務所が顧客を獲得していく上で一番大切になるのは、紹介によってどれだけ顧客を獲得できるかになります。紹介以外であっても、Ｗｅｂによる集客などもありますが、紹介経由の顧客と、Ｗｅｂ経由の顧客とでは全く質が違います。Ｗｅｂ経由の顧客は、値段を比較されたり、お互いの信頼関係が希薄になります。

また、紹介経由だと、Ｗｅｂ経由では到底巡り合えない良質な顧客と繋がることがあります。

また、Ｗｅｂ経由であっても、自然検索から問い合わせをしてくれた顧客の質と、広告を使って問い合わせをしてくれた顧客の質とは大きく異なる点にも注意が必要です。

Ｗｅｂ広告は、以前弊所でも活用していた時期があったものの、こちらが提供するサービス以外のことを無償で強要する顧客や、理不尽なクレームが多い顧客が非常に多く、これによって現場が疲弊するということがありました。また、入金がされないということも多く、これによるストレスに悩まされたことがあります。

その後、広告をやめ、紹介経由の顧客のみに絞ったところ、このような問題はほとんどなくなりました。

そのため、どれぐらい紹介を獲得できるかが事務所の売上と健全に運営する上で非常に重要です。

交流会で顧客獲得をする上で大切なのは、まずは自分から貢献するということです。貢献とは、積極的に自分から紹介を出すだけではありません。紹介がたとえ出せなくても、困っている仲間を勇気づけたり、気づきや学びを交流会のメンバーにシェアしたり、交流会の運営に積極的に参加したりといったことも貢献となります。

一番まずいのは、自分の商品・サービスを頼まれてもいないのに、交流会のメンバーに売り込むということになります。

人間の脳は生存本能があるため、自分の身を危険から守ろうとします。売り込まれた瞬間に本能的に危険を感じるため、脳が相手をブロックしてしまうことになります。こうなると、相手と仲良くなれなくなるのはもちろん、交流会の中で悪い噂が広まってしまい、信用を失うということになってしまいます。

開業して痛感するのは、他者からの信用は無形ですがお金と同じように価値を有するものだということです。よく聞く話としては、信用はお金にいつでも変えられるというものです。信用は預金と同じです。信用さえあれば、本当に困った時に助けてくれる仲間がいたりなど、事業はなんとかなります。

交流会に参加しているメンバーのほとんどは経営者であり、経営者は相手の人間性をしっかりと観察しています。相手のことを心から尊重し、相手の利益のためにまずは自分から貢献していく、という姿勢や人としての在り方は相手に伝わります。

経営をしていると色々なことがあります。しかし、それらを乗り越えてお客様や関係者への貢献をすることで、自分自身の人間性や人としての在り方を磨き続けることが経営の本質であると私は考えています。

◎ 所属する会について

自分の周りにいる仲間の中で、最も身近な3人の平均年収が自分の年収であると言われるほど、一緒にいる人間が事業の成功に与える影響は大きいです。どんな人と出会うかは、所属する会によって変わってきます。そのため、所属する会は、自分よりも事業が上手くいっている人たち、つまりステージが上の人たちが所属している場所を選択した方がいいです。

正直、自分と同じステージで同じような考え方の人ばかりが参加している会に所属した方が精神的には気楽です。

しかし、自分を高め事業を成長させるのであれば、居心地が悪くてもステージが高い人が所属している会を選ばなくてはなりません。

私は開業して2年目でまだ年商で1000万円ほどだった頃に、青年会議所という組織に所属していました。

青年会議所をご存じの方はもしかしたら少ないかもしれませんが、青年会議所は主に二代目の社長が所属する会です。何十年もの歴史のある、いわゆる地元の優良企業が所属しており、年商のレベルで言えばほとんどが数億円を超えています。

年商で1000万円ほどのスタートアップで一人社長の私と青年会議所のメンバーの社長とでは、考え方からお金の使い方まで全く異なっていました。入ったばかりの頃は居心地も悪く、スタートアップで実績もない私はほとんど相手にもされませんでした。

しかし、入会して3年も経過すると考え方やマインドもだんだん似てくることが分かりました。そして、青年会議所にも仲間ができ会にも馴染んで来た頃には、自社の年商も1億円を超え、年収のレベルも会のメンバーと同等になってきていました。

私が実感したのは、事業が成長して年収が上がったから会に馴染んだのではなく、会に馴染んで考え方やマインドのステージが高くなったから結果として事業が成長して年収が上がったのだということです。

◎ 身なりについて

服装、身なりについては、あまり気を遣わない人も少なくないと感じることがあります。

私も開業時はできるだけお金を使いたくなかったので、1万円から2万円ほどの既製品のスーツを着ていました。靴も５０００円程度のものだったと思います。

しかし、士業は自分自身が商品です。

どんなにいい商品でもパッケージがみすぼらしかったらどのように感じるでしょうか。

実際に、ある司法書士の方をご紹介した時の出来事です。この方は非常に仕事もできて優秀だったので、私は自信を持ってお客様を紹介しました。

しかし、その後、受注には至りませんでした。お客様にその理由をお客様に伺うと「しわだらけのスーツでしかも、フケが肩に落ちており、依頼したくなくなった。」ということでした。中身はいいのに、パッケージが悪いせいで全体が悪く見られるのは非常に損なのです。

私自身も開業して3年目の時で年商も順調に伸びていたにもかかわらず、安価な既製品のスーツを着ていた時に、ある人から「年収500万円ぐらいの儲かっていない先生に見える」と厳しい指摘を頂いたことがありました。

このような出来事があったので、すぐに10万円以上のスーツをオーダーで作りました。高いスーツを着ると、不思議なもので周りの人が着ているスーツがとても気になるようになります。また、スーツの値段も概ね分かるようになり、ほとんどの経営者が最低でも5万円、平均で10万円以上のスーツを着ているということに気が付きました。

昔の自分のような1~2万円のスーツを着ている経営者や士業は非常に稀であり、悪い意味で目立ってしまうということがその時になってようやく分かりました。

また、そのような身なりに気を遣わない人とは仲良くなりたいと思わなくなってしまい、身なりに気を遣わないと、ビジネスの機会損失になりかねないことを学びました。

実際に、あるコンサルティング会社のコンサルタントは最低でも5万円以上のスーツを着ることを義務付けられています。

我々士業は、高単価なサービスを提供しており、自分自身が商品である以上、やはり身なりには気を遣うということが重要であると言えます。

因みに、開業時はお金の捻出が難しいかもしれませんが、スーツは5万円ほどでよく、靴はリーガルというブランドくらいのものがおすすめです。

◎ 対比の法則

対比の法則は、自社のプレゼンにおいて、威力を発揮します。プレゼンのスキルは起業家にとって、非常に重要なスキルと考えます。プレゼンのスキルがないと、せっかく価値のあるサービスも、その魅力が伝わらないからです。

対比の法則は、比較対象との対比をすることで自社の良さを相手に伝わりやすくするものです。

例えば、単に特許取得率96・1％とだけ記載をしても、特許申請に明るくない人にとって、この数字が凄いのかどうか分かりません。そもそも特許申請をすれば基本的には、すべて特許を取得できると思っている人もいます。

そこで、対比対象として、業界平均の特許取得率が60%であることを明記します。すると、特許取得率が業界平均の60%を大きく超える96・1%という見せ方ができるようになり、世の中の水準を遥かに超えているということが伝わりやすくなります。

例えば、ビタミンC100mgと記載されても、これが凄いのか分かりにくいと思います。それを「ビタミンCレモン1000個分」などと言い換えると凄さが伝わりやすくなります。これは、レモン1個分に含まれているビタミンCとの対比をした例です。他にも、「東京ドーム20個分の広さ」などの表現が対比の法則にあたります。

対比の法則は数値以外の表現でも可能です。例えば、弁理士という職業を説明するために、開業時はよく「処理件数重視型弁理士」という対比対象を自分で作り、自分自身は「成長重視型弁理士」という表現をプレゼンで使っていました。

また、処理件数重視型の弁理士にとっての成果が「処理（出願）件数」であるのに対し、成長重視型弁理士にとっての成果は「顧客に対して生み出した利益額」であるなどの対比を行いました。

このように、比較対象を明確にすることで、自らの価値がお客様に伝わりやすくなります。

◎対比の法則を使ったプレゼン

弁理士には２つのタイプがある

▼

①処理件数重視型（職人型）

弁理士にとっての成果＝**処理（出願）件数**

・発明を文章化する**手続きの代行**に留まる。
一方的な指示だけであり、コミュニケーションは
一方通行

・独自のこだわりを重視する職人気質な業務によって、
技術思考に偏重している。
顧客企業の事業は**成長に対する興味がない。**
例）カーナビメーカーにも関わらず、ETC依頼しても
ロボットのように書類を作成する

②顧客成長重視型

弁理士にとっての成果＝生み出した**利益額**

・自分のこだわりではなく、
顧客の利益とビジネスを重視。
（顧客の事業内容の理解がベース）

・双方向のコミュニケーションを通じた
相互理解、相互利益を尊重。

・件数ではなく、いかに**一件の特許から利益が出せた**
のかを重視。将来的に顧客の**利益につながらない**
出願は勧めない。

◎ 一貫性の法則

人間の脳は、自ら発言した内容と行動とを一致させようとする性質があるのをご存じでしょうか?この脳の性質は一貫性の法則と呼ばれ、顧客との商談で威力を発揮します。

例えば、商標申請の重要性を顧客が理解していないときに、こちらから一方的に商標を取らないリスクを説明するのではなく、顧客との対話の中で質問をしながら持っていきたい方向への言葉を引き出すことで、お客様に自分の言ったことと行動とを一致させます。

少し分かりにくいので具体例を用いて説明します。

具体例は、「商標の重要性を理解させ、商標申請を受注するための説明」を普通に説明した場合と、一貫性の法則を使って説明した場合のものになります。

【普通に説明した場合】

私　:「自分が先に長年使っているブランドでも、商標は早い者勝ちなので先に申請されてしまうと権利を取られてしまいます。その場合、知らない人からいきなり警告状が来ることがあります。警告状が来ると、ブランドの名称を変えたり、損害賠償請求がされるリスクがあります。」

お客様：「そうなんですね。」

一方で、一貫性の法則を使うと次のような会話になります。

【一貫性の法則を使った場合】

私：「自分が先に長年使っているブランドを知らない人に取られたらどう思いますか？」

お客様：「嫌ですね。」

私：「その場合、知らない人からいきなり警告状が来てブランドの名称を変えたり、損害賠償請求しなくなったらどうでしょうか？」

お客様：「経営のリスクになると思います。」

私　：「商標登録して、このようなリスクを排除したいと思いませんか？」

お客様：「そう思います。」

お客様に、自分が言ったことと行動とを一致させるようにするため、細かい質問を繰り返して、商標申請の受注の可能性を高めます。

一貫性の法則は、とても即効力がある一方で、実践することも難しくありませんので、すぐにでも活用できるテクニックとしておすすめです。

◎ 提携戦略

提携戦略は、士業事務所にて受注を安定させるのに最も効果的です。弁理士のような単発案件を獲得し続けなければならない業種であっても、業務提携をすることで、提携元から定期的に案件を紹介してもらえます。提携先を沢山作ることで、ベルトコンベアー式に仕事が入ってくる仕組みを作ることができるということです。

士業事務所にとっての提携先ですが、**①他士業**　**②一般企業**などが候補になります。

以下、それぞれの属性と、アプローチの方法について順番に詳細について解説します。

①提携先としての他士業について

他士業は、社労士、弁護士、行政書士、税理士などが該当します。業務提携先として他士業は一番堅実ですし、こちらが提携先としてメインとなるケースが多いです。

例えば税理士さんは、確定申告はできますが、商標申請や、給与計算、訴訟、許認可などの業務は行いません。しかし、税理士さんの顧問先などのお客様からは商標申請をしたいとか、依頼をしたいので他士業の先生を紹介して欲しいなどのリクエストが来ることが少なくないのです。

こういった時に、顧客から相談された税理士さんは提携先の士業を紹介するという流れになります。私の提携先の他士業に相談があった商標申請や特許申請の案件は、実際に私への受注にそのまま繋がっています。

私のところにも、契約書を作りたいから弁護士さんを紹介して欲しい、助成金を取りたいから社労士さんを紹介して欲しい、一般社団法人を設立したいから行政書士さんを紹介して欲しいといった要望が頻繁に来ます。

逆に私の方に相談が来た案件については、提携先の他士業の方に紹介しているため、互いにメリットがある関係となるのです。

さらに、紹介先があるというのは、顧客への価値提供という観点から事務所にとっても非常にメリットがあります。

もしもお客様から他士業を紹介してほしいと言われて紹介できなかった場合、お客様からは「○○先生は頼りにならないな」という印象を持たれかねません。

一方で、いい仕事をする人をお客様に紹介できれば「さすが○○先生からのご紹介」という形になり、逆に自分自身のお客様からの評価を高めることができます。

接待やデートの際に、美味しい飲食店を知っていれば、相手からは喜ばれますし、自分自身の株も上がります。それと同じことが起こるわけです。

他士業の提携先を増やすには、いい仕事をするということが前提となります。紹介というのは紹介元にとってもリスクがある行為です。もしもお客様を紹介してもらったにも関わらず、仕事でミスをしてクレームになってしまったら、どうなるでしょうか？ほとんどの場合、もう二度とこの人にはお客様を紹介しないということになってしまいます。

ですから、特にお客様を紹介してもらった案件については、慎重に誠心誠意対応しなければなりません。

いい仕事をすれば紹介元の他士業からは安心して紹介できる存在になれます。そのため、お客様から喜んでもらえ、実績を積み上げれば積み上げるほど、他士業の提携先の開拓は容易になります。

他にも、他士業の紹介先を増やすには、異業種交流会に参加することが有効です。異業種交流会としては、ＢＮＩや、ニーズマッチなどの会があります。世の中には沢山の交流会があるため、自分にあったものを選ぶと良いでしょう。選ぶポイントとしては、自分よりもレベルが高い人が集まる会に参加することです。

やめておいた方がいいのはスタートアップの人や、年商で１０００万円もない人ばかりが集まる会に参加することです。そういった人は、人脈が乏しく、紹介の候補となる顧客も少ないため、こちらに対して紹介を出すことはほとんどないからです。また、参加していてもこういった人の考え方や言動からは、自らが学んで成長できるという要素が少ないです。

異業種交流会に参加して、その会に所属している他士業と仲良くなることは一番手っ取り早いですし、確実です。異業種交流会に参加したら、まずはメンバーと一緒に飲みに行ったり、まずはこちらから相手に紹介を出して信頼関係を構築すると良いでしょう。私の場合、開業時には、5つの交流会に参加していました。こちらの会に参加している士業とは定期的に顔を合わせることもあり、仕事の紹介が多くありました。

また、異業種交流会には、士業以外のメンバーもいます。それらの方からの案件の紹介ももちろんあるのですが、士業以外のメンバーに依頼をして他の士業を紹介してもらうのも非常に有効です。私の場合、参加していたBNIの生命保険会社の方から税理士法人を3社紹介してもらうなど、かなりの成果がありました。

2. 提携先としての一般企業について

士業でなくてもお客様を紹介してくれる提携先になる可能性はあります。

提携先になる一般企業は、士業事務所の見込み客の顧客リストを持っている企業です。

弊所の過去の例ですと、ロゴ制作会社や、ＩＴコンサルタントが提携先でした。

ロゴ制作会社の場合、ロゴ制作を担当したクライアントで制作したロゴを商標登録したいというニーズがあります。

そのため、提携関係を組むことで、ロゴを制作した後、商標登録したいお客様についてはすべて私の事務所に紹介をしてもらっていました。

また、ＩＴコンサルタントの場合、顧客が新規のシステムの開発をしているケースが多いため、開発したシステムについての特許で守りたいというニーズもあります。そして、ＩＴコンサルタント経由で特許を取得したいお客様については、定期的に紹介してもらうという流れを作ることができます。

［第4章］

成功する士業事務所のやり方②

～習慣・マインドセット～

1　時間に対する考え方

◎ 自分の時給を決める（パチスロ時代）

時間は、すべての人に平等に割り当てられているものである一方で、有限かつ最大の資源と言えるものです。時間の使い方や、使っている時間の質によって、開業してからの業績が決まると言っても過言ではありません。

時間を使った積み重ねが今の結果を作るのであって、良くも悪くも自己責任です。しかし、時間の使い方の質を上げることが収入を増加に直結する、という実感を得られることが開業してからの醍醐味であるとも言えます。

事業をする上で、最初に決めることは、自分の時給と年収になります。

私は大学生の時に、パチスロで生活費と学費を賄っていた時期がありました。若い時の貴重な時間をお金に変えるため、自分の時給を5000円以上と決めていました。また、月の稼働時間を80～130時間と決めていました。

時給を決めたら、毎日の稼働時間と、その日の収支（パチスロによる利益）を細かく記録します。収支は、パチスロという性質上、マイナスになることもあります。

１カ月の稼働が完了したら、合計の稼働時間と月の利益を出し、月の利益を稼働時間で割れば時給が出ます。

このような毎日の記録と計算を細かく行い、パチスロの戦略を見直したりしながら素早くＰＤＣＡを回すということが非常に重要になります。

時給が想定を下回っていたりすると、お店選びや台選びの戦略を見直します。

すると、非常に不思議だったのですが、時給というのは自分が決めた通りの額になります。

実際に私の時給は毎月４８００～５５００円に収まり、年間の時給としても５３００円という結果でした。

パチスロで生計を立てるようになってから3年目でした。

大学院の進学に伴い、就職活動や研究に忙しくなってしまい、毎月20～30時間稼働することが精いっぱいの状況になりました。

これまでの時給では十分な収益を得ることができないため、私は自分の時給を５０００円から1万５０００円に見直しました。

時給を1万5000円に設定した以上、今までと同じやり方では達成できません。設定した時給から逆算して、新たな行動指針を立てる必要があります。1万5000円という時給を達成するために私がやったことは、人を雇い組織化するということでした。時給1500円で2名バイトを雇い、自分は台を選ぶことに専念しました。台を取ったら後はバイトに台を回してもらいます。しかし、台に投資するためのお金をちょろまかされたりといったことが起こってしまいました。

そのため、監視役を1人雇い、自分は台を取ったら研究室に戻り研究をしながら、監視役に状況の報告を電話でするという体制を構築しました。これによって、時給1万5000円を達成しました。

このように、時給を設定し、達成するための行動を逆算して実行できれば、決めた通りの結果を得ることができます。

逆に何も決めないと、狙った結果を得ることは難しいと言えます。

事業でも同じことが言えます。開業時、私は5年以内に年収5000万円を達成するという計画を立てました。毎日の自分の時給から同じように逆算して、毎日の利益を定期的にチェックすることで、計画通りに進んでいるかを確認でき、結果として開業して5年目に当初の目標を達成できました。

◎ 買える時間はお金ですべて買う（自分の時間は使わない）

時間は、すべての人に平等に与えられているものの、自分の時間を物理的に増やすことはできません。増やせるのは、他人が自分のために使ってくれる時間と、時間で生み出せる成果のみです。お金は成果に伴い増やせますが、時間は増やせません。そのため、資源としては時間の方がお金よりも大切と言えます。自分の時間にレバレッジをかけることで、成果は何倍にもできます。

そのため、成果を最大化するためには自分の時間を増やすことにコミットしなければなりません。また、他人に支配される時間を増やしてはいけません。他人のための時間で忙しいという状況が一番よくありません。

厳しい表現かもしれませんが、起業家であれば忙しくてできないということを言い訳にしてはいけません。自分の考え方を研ぎ澄ますことで、時間を操れるようになることが重要です。

自分の時間を増やすには、他人の時間を買うことが有効です。他人の時間を買うということはそこに出費が発生します。自分でできることは自分でやった方が、出費を抑えられると考える方もいるかもしれません。

しかし、例えば、自分でなくてもできる事務処理については従業員に依頼をしたり、確定申告については税理士に依頼した方が、結果として自分の時間とともに収入を増やすことができます。

私の師匠から聞いた話なのですが、私の師匠は開業1年目での年収が１４００万円ほどだったそうです。１年に２４００時間ぐらい働いていたため、時給に換算すると５８３０円ほどになります。

彼は、確定申告を自分でやることにしたらしく、初めてということもあり１４０時間ぐらいかかってしまったそうです。この方の時給は５８３０円なので、１４０時間を本業以外で使ってしまうと、81万円（５８３０円×１４０時間）ほどの損失となってしまいます。

一方で確定申告を自分でやらず、税理士にスポットで依頼をしても20万円ほどです。そのため、自分で確定申告をするよりも税理士に確定申告を依頼した方が61万円（81万円―20万円）もお得になるということになります。

このように、買える時間はできるだけ買うことで、結果として自分の時間にレバレッジを効かせることができ、自分の時給と収入とを増やすことができます。

私の例ですと、開業して2年目からは特許の申請書類の作成を従業員に任せ、自分の空いた時間は提携先の開拓や営業活動に使うようになりました。

特許の申請書類の作成には、1件あたり40時間から50時間の膨大な工数が発生する一方で、単価は1件申請をして30万円ほどでした。

開業して2年目の自分の時給は1万5０００円と設定していたため、40～50時間の工数を使った場合、60万円（1万5０００円×40時間）～75万円（1万5０００円×50時間）のコストが発生することになります。

従業員が申請書を1件作成した場合のコスト（給与）は、15万円ほどです。

自分で作成した場合と、従業員に作成を依頼した場合を比較すると、給与を支払ったとしても45万円（60万円－15万円）～60万円（75万円－15万円）が浮くという計算になります。

私が仮に、申請書類の作成をしてしまうと、実務しかできません。その場合、実務をこなした量が自分の収入となり、収入に限界がきます。月に２００時間働いて、ひたすら申請書類を作成していたとしても月にこなせる量は5件が限界であり、自らの月収も

150万円が天井となっていまいます。また、営業活動や、提携先の開拓といった将来を見据えた活動を怠ってしまうと、売上は少しずつ衰退していくこととなってしまいます。そして、最終的には手元で処理できる案件が枯渇して、そもそもの売上がない状態になってしまいます。

しかし、実務の処理に従業員の時間を使ってもらうことで、営業活動や、提携先の開拓など将来的に事業を成長させるための活動に時間を使えます。

実際に私の場合ですと、実務を従業員に依頼することで、2年目以降、提携先や顧客を倍増するという結果を得ることができ、収入そのものも1年目に比べて倍増させることができました。

このように自分が設定した時給から逆算し時間を買うことで、結果として設定した時給と、自らの収入を実現させることができるようになります。

◎ 朝やれることと、夜やること、移動中にやれることを分ける

人間、一番頭が冴えているのは、朝の時間です。朝の生産性は夜の残業の6倍と言われ

ています。夜の脳が疲れた状態では、特に深い思考力を必要とする業務を処理することは困難になります。そのため、私の場合、重要業務、重い業務や、脳の瞬発力を必要とする仕事は朝に処理することにしています。また、夜は単純な返信や雑務の処理、交流会での人脈形成などに時間を使うようにしています。

電車で移動中の時間や、ランチで注文してから昼食がテーブルに運ばれるまでの時間、トイレにいる時間などのいわゆるスキマ時間の活用も重要です。

私の場合、スキマ時間中に顧客や従業員から届く連絡事項の確認および返信をしています。このような頻繁に届く連絡事項の確認や返信は、スマートフォンにＦａｃｅｂｏｏｋのＭｅｓｓｅｎｇｅｒやＬＩＮＥ、Ｃｈａｔｗｏｒｋのアプリを入れておけばどこにいても可能です。このようなどこにいてもできる返信は、電車の中やレストランやトイレの中にて処理します。

一方で、特許庁に提出する書面の作成などは、パソコンの前でなければ生産性が落ちます。パソコンは、デスクトップのデュアルモニターを活用することで作業性が飛躍的に向上します。

このような時間帯に応じた時間の活用術は、私が会社員をしながら弁理士試験の受験勉強をしていた時に身に着けました。弁理士試験は1次試験（択一試験）と、2次試験（論文試験）がメインなのですが、私の場合、朝起きたら、机の前でしかできず、かつ、瞬発力が必要な2次試験（論文試験）の練習を朝起きて処理し、自転車などでの移動中はiPodに入れていた講座をずっと聞いていました。また、電車での移動中は座っていてもできる、○か×かを選ぶ1次試験（択一試験）の勉強をしていました。

このようにシーンごとに処理する内容を決めておくことで、時間を有効活用可能になります。

2　習慣に対する考え方

◎ 返報性の法則

人には他人から何かを施されたら、そのお返しをしなければならないと考える性質があります。人は、恩義を受けると不快に感じるようにプログラムされており、これがお返しをしたいという衝動の源となります。つまり、施しをした人は、相手からそのお返しを受け取る権利を自動的に獲得できるとも言えます。これを返報性の法則と言います。

この返報性の法則を営業に活用することが、成約率を高める上で重要になります。返報性の法則の特徴として、最初に渡すものは相手が頼んだものである必要は全くないというものがあります。

返報性の法則は、先に与えることで顧客との信頼関係を構築し、その後の面談をスムーズにできるという点で有効です。ただ、こちらが見返りを求めているのが相手に伝わってしまうと、逆に信頼を失ってしまうという点に気を付けなればなりません。相手に何かを与えるという行為そのものは、純粋な見返りを求めない善意であることが重要です。見返りを求めない善意であれば、公益、つまりその行為は相手のためのものです。一方で、見返りを求めた途端、私益、つまり行為そのものが自分のためにやっているということになってしまいます。私益のためにやっていることが相手に伝わってしまうと、売り込み感が伝わってしまいます。売り込み感が伝わった瞬間、あなたは相手に危険な存在と認知されて拒否されてしまいます。

一方で、純粋な相手のための善意を思っての行為であればそれは善意として伝わり、相手にとって有益な存在として認知され、信頼を得ることができるようになります。

◎トイレ掃除をする

漫才師、映画監督の北野武さんは、ロケ地のトイレをすべてピカピカにするそうです。北野武さんは、ご存じの通り、漫才師としても映画監督としても成功しています。また、絵を描いても高値で取引されるように、何をやっても上手くいっています。

そんな方が、ロケ地のトイレを毎回のようにピカピカにしていると聞いて、私は非常に驚きました。時にはトイレがグチャグチャな時もあるそうですが、それもピカピカに掃除しているそうです。

この話を聞いて、きっと意味があるからここまでのことをやっているのだなと私は感じました。

トイレ掃除をすると運気が高くなるという話を聞いたことがあります。運気が上がる理由としては、風水的な理由にエネルギーの循環が良くなるなど、色々なことが言われていますが、本当のことは私には分かりません。

しかし、大切なのはプラスになる可能性があることは何でも実行するという姿勢だと思います。毎回トイレ掃除をしたとしてもかかる時間は大したものではなくお金がかかるものでもありません。私自身これで運気が良くなって事業が成長する可能性があるならと、自宅や会社はもちろん、コンビニや公衆トイレも自分が利用した後に掃除することを習慣としています。

このトイレ掃除の習慣を6年間継続している話をすると周りからは驚かれます。

私の事業が成長していることとトイレ掃除との因果関係はもしかしたらないかもしれませんが、プラスになることは、普通の人がやらないレベルで継続して行うというマインドが大切です。

◎ 行列店には並ばない

行列ができるラーメン屋に並んでいる人をよく見ます。日本人の特性として、社会的な証明に弱かったり、みんなと同じ行動をしたいというものがあります。この特性があるため、行列ができているのを見ると「みんなが並んでいるからきっとおいしいお店だ。」とか、「みんなと同じように並べば間違いない。」と考えがちです。

しかし、私は行列店に並んでまで食べるということはほとんどありません。

理由は2つあり、時間がもったいないということと、人に喜ばれるお金の使い方をしたいというものになります。

時間がもったいないということについては、例えば1時間ラーメン屋に並んで1000円のラーメンを食べたとします。仮に、自分の時給が1万円だったとしたら、ラーメンに1万1000円を支払ったということになります。

ラーメン1杯の値段が1万1000円であることを承知して食べるのならそれもありなのかもしれません。しかし、1万1000円を同じように支払うのなら、自分自身の体験に対してもっと高品質な投資ができるかもしれません。

人に喜ばれるお金の使い方をするということについては、行列ができるラーメン屋にてお金を払ってラーメンを食べても、お客様は自分以外にもたくさんいるため、お店の経営者はおそらくそれほど喜びません。

それよりは、ガラガラのお店でお金を支払った方が、お店の人は喜びます。ですから、私は大学生の時からガラガラのお店を選ぶことを習慣にしていました。自分以外にお客様がいないということも珍しくはないのですが、お店の人にはとても喜んでもらえました。友達からは私が行く店がよく潰れると言われていましたが、おそらく私のせいではなくそろそろ経営が危うかったのかもしれません。

しかし、こういったことを継続していると、返報性の法則によって、自分自身が集客に困った時に同じように助けてくれる人が自然と現れるのではないかと考えています。

また、行列ができるお店に自分が並ぶということは、行列が増えるということです。そして、自分の後ろに並ぶ他のお客様の待ち時間が増えてしまい、結果として他人に余計な時間を使わせるということにもなってしまいます。行列ができているところに並ぶのは「自分自身が美味しいものを食べたい」という欲求を通すためのエゴです。

◎ 困っている仲間を助ける

困っている仲間を助けることは、巡り巡って自分自身に倍になって返ってきます。また、自分が困っている時に周りから助けてもらいやすくなります。

大切なのは、将来的な見返りを期待して助けるのではなく、心から相手のことを思って助けるということです。

私はもともと飲食店の方が多く参加する、多店舗化実践塾という高額塾に通っていました。そこには、店舗系ビジネスにて多店舗化を目指す会社経営者が500名ほど参加していました。

その塾には2年ほど通っており、私自身も塾のコミュニティの中に多くの経営者の仲間ができました。そんな中、2020年の初旬にコロナウィルスの流行が本格化してきました。多くの飲食店は、アルコールが提供できなかったり、営業時間が制限されたりで大きな打撃を受けました。悲しいことに多くの方が最終的にはお店を畳んでしまう状況となってしまいました。

売上を少しでも賄うために、多くのお店はテイクアウトを強化したり、通販で冷凍食品を販売するといった取り組みを開始していました。

コロナの時期は、仲間が理不尽な状況で苦しむのが非常に辛かったのを覚えています。自宅の近くのなじみの飲食店が大丈夫か定期的に見て回ったりしていましたが、町に人出がなく、どこも非常に苦しい状況でした。閑散とした繁華街を見る度に、悲しくて泣きたくなるような気持ちになりました。

当然、自分自身の事業への影響もあると考えていました。状況が落ち着くまでは、どれだけ借金をしてもとにかくキャッシュアウトしないための準備をしなくてはならないと考えていました。

私自身の事業として最初に影響があったのは中国企業の案件でした。

私の事務所は国内では珍しく中国関連の案件が数だけでは全体の70％を占めていました。中国関連の案件は特許庁への立替金が毎月７００万円～１０００万円ほど発生するのですが、コロナウィルスの影響で町全体が都市封鎖してしまい中国の銀行が稼働しない状況になりました。当然、中国から送金されるはずの立替金が入金されず、資金繰りに大きな影響が出ました。

しかし、私の事務所以上に理不尽な状況にある飲食店の仲間のことを考えると、胸が苦しくなりました。

そのため、通販をしている仲間の飲食店から大量に食品を購入しました。全部で100万円以上は使いました。

さらに、当時はマスクを入手することが困難な状況でしたが、価格が高かったもののマスクを6000枚ほど購入し、仲間や取引先に配りました。

購入した食品はすべて従業員に配布しました。外食をするのにも制限がある状況で、従業員には子育て中のママさんも多かったため、食事を作る手間が省けるという点からも非常に喜んでもらえました。私自身は当然、見返りなどは求めていなかったものの、結果として仲間や取引先からの信用が高まり、仕事の依頼や紹介が激増しました。

そして、コロナ渦という危機的な状況ではあったものの、この年の売上は前年比で251%の成長を遂げることができました。

今回のコロナショックのような危機的な状況ほど、その人間の本性が出ます。平常時では口では綺麗ごとを言っていても、危機的な状況になれば人間は本性を隠せないためです。

危機的な状況であるほど正しい行動が取れるように、日々自らの心を磨いておくことが大切です。

◎うまい儲け話は世の中にはない

コロナ禍で実際にあった話です。店舗系の経営者が集まる塾の塾長ですが、私に投資話を持ち掛けてきました。月利１２０％を超える利回りの商品をすすめられ、リスクもなく手堅い投資であるとの説明を受けました。

月利で１２０％となると、預けたお金は福利で雪だるま式に増加します。仮に１０００万円を預けたとすると、１年で８９１０万円ほどになります。また、ねずみ講方式で、私が購入する人を勧誘すれば勧誘するほど連鎖して収益が上がるというものでした。

投資の神様と言われるウォーレンバフェットですら、１年間の利回りで１２４％ほどです。それにも関わらず、月に１２０％もの利回り（年利換算だと８９１％）で本当にリスクがないのであれば、投資の神様であるウォーレンバフェットが投資するはずです。その時点で常識的に考えて違和感があるはずです。

私は、この投資話は詐欺だと確信しました。私が詐欺だと確信できたのは過去にパチスロで食べていた経験があったためです。パチスロ店では、店員さんの時給は比較的良く、何十人ものバイトに給料を支払っています。また、パチスロの台を定期的に入れ替えるのですが、入れ替えの費用は1台あたり40万円〜60万円で、大型店であれば年間に300台から1000台入れ替えます。そうなると入れ替えの費用だけでも億単位であることが分かります。これに加えて店舗の家賃や電気代など膨大な費用がかかっています。さらに、パチスロ店の利益率がとても高いため、これだけの費用を払ってもガッツリと利益が残っています。

では、このパチスロ店の膨大な運転資金と利益は誰が支払うお金でしょうか。それはお気づきの通り、パチスロ店のお客様です。お客様の方が勝っていたら、パチスロ店の経営は到底成り立ちません。そのため、パチスロ店の経営は、ほとんどの負けているお客様によって成り立っていることが分かります。ほとんどのお客様はお店に入ったら適当に台に座って、自分だけは勝てると考えて打ち始めます。ただ、普通にやったのでは、お店の養分になってしまうことは前述した通りです。

パチスロ店で勝てる台というのは、ざっくり10台に1台あるかないかです。プロとして利益を出そうとすると、稼げる台というのは50台に1台あるかないかです。稼げる台が1台もないお店というのも正直、たくさんあるのです。

勝とうと思ったら、そもそも稼げる台が置いてあるお店なのかの調査から始めます。稼げる台が置いている店なら、そのお店の中にたくさんある台から稼げる台を特定しなければなりません。それには、相当な調査が必要です。

パチスロの例で言ったら、僅かに存在する稼げる台を選べる人間のみが勝ちます。他の大勢は負けるのです。残念ながら、パチスロというのは、ほとんどの負けている人間が、店の利益とごく僅かの勝っている人間の利益を捻出しているのです。

このように投資というのは、勝てる人がいれば、負ける人もいるのです。全員が勝てるというものは存在しないのです。また、勝てる情報というのは相当に努力したり、よほど特殊なルートでなければ入手できないのです。

先ほどの投資詐欺の案件でも同様のことが言え、本当に美味しい話というのは、一般人のところにはほとんど入ってきません。美味しい話というのは、ごく少数のみしか知っていないからこそ価値がある話であり、多くの人が群がった瞬間に美味しい話ではなくなります。

私自身は、その投資話には一切乗りませんでしたが、その塾長は、私以外の塾生にも声をかけていました。

店舗系の経営者は、コロナ禍で金銭的な不安を抱えていました。塾長の信頼が絶大であったため、実際に200人近い塾生がその投資話に乗るという事態になりました。

最初のうちは、20%の利回りでお金が増えていき、増えたお金も引き出せていました。しかし、投資が開始してしばらくすると、お金が一切引き出せなくなるという事態になってしまいした。結果として、日本全国での被害総額が500億円の大規模詐欺事件となってしまい、多くの私の仲間の経営者も甚大な被害にあってしまいました。

特に問題だったのは、仲間の経営者は店舗系の方が多く、コロナで受けたダメージを投資で取り戻そうとしていたという点です。取り戻すのであれば、また、経営を立て直すのであれば、どのような状況であっても経営者なら安易な投資に流れてはいけません。

経営者であれば、こんな時こそ、現状を打破するための行動をするべきです。本業の損失は本業で取り返さなければなりません。

投資できるお金の量は有限です。こんな時こそ、虎の子のお金は現状を打破するために使うべきであって、安易な投資に使うべきではないのです。実際に、店舗系の経営者でも堅実に経営をしている方ほど、投資話に乗らずにテイクアウトや冷凍食品や通販を強化することにお金を使っていました。一方で、現状の経営が上手くいっていない会社ほど、国が特別に支援したコロナ融資を投資で溶かしてしまいました。

国が資金を支援したのは、コロナでダメージを受けた企業が資金ショートして倒産しないようにするためです。融資されたお金は、コロナ禍という先が見えない状況における運転資金なのです。

経営者にとっての一番大切な仕事は、従業員に給料を支払うことです。つまり、コロナ融資で国が支援をするのは、売上がない状態であっても、企業が従業員に給料を払い続ける状態を維持させる意味も大きいのです。国からしたら、融資したお金を詐欺の投資案件に溶かされているとは思ってもいないことです。発覚したら融資したお金をすぐに返してくれという話になってもおかしくありません。いくら不安な状況だからと言って、運転資金を投資案件に使うというのは経営者としてはあってはならないことです。

疾風勁草という言葉があります。これは強い風が吹いた時に、弱い草だけが飛ばされるため、強い風が吹いて初めて強い草であることが分かるという意味です。つまり、危機的な状況下ほど、人間の意思や節操が堅固であることが分かるのです。

私は仕事柄、沢山の会社の決算書を見るのですが、コロナ禍であっても、潤沢に運転資金を積み上げていた会社は簡単には潰れません。一方で、簡単に潰れてしまう会社のほとんどが、そもそもの財務状況が危機的だった会社でした。

危機的な状況というのは、過去にはバブル崩壊や、リーマンショックや、東日本大震災があったように、そもそも定期的に起こる前提と考えておかなければなりません。そのため、経営を継続しようとするならば危機的な状況が起こる前提で内部留保を積み上げなければなりません。内部留保は、売上が0円の状態が続いても3年は社員の給料を支払うことができるくらいの状態ぐらいであれば問題ありません。

コロナ禍は、理不尽であり、多くの会社がダメージを受けました。しかしこんな時だからこそ、知恵を絞り、経営を見直すことで自分自身も会社も成長できるのではないでしょうか。

◎先祖供養をする

年収が3000万円を超える方の多くに、興味深い習慣があることをご存じでしょうか？
それは、先祖供養です。彼らにとっては、至極当然のことだそうです。

なぜ先祖供養が大切なのでしょうか？
それは、先祖がいなければ自分自身が存在しないためです。

両親は２人で、両親のさらに両親となると全部で４人、さらにもう一代遡ると８人です。先祖を10代遡ると１０２４人となり、27代前となると、なんと1億人を超えるそうです。そのうちの１人でも欠けてしまうと、自分はこの世に存在しなかったということになります。

そして、自分自身は先祖に見守られている存在です。自分が死んだとして、すべての子孫から忘れられるとことは、非常に悲しいことかと思います。そのため、先祖供養（お墓参り）をして、ご先祖様に感謝の気持ちを伝えることが重要になります。

経営においては、マーケティングや、組織運営などのテクニックはもちろん大切です。しかし、経営において一番大切なことは運気を高めることだと私は考えています。１人の人間の力というのは、どんなに優秀であってもたかが知れています。

空気がないと人間は生存できないのと同じように、運気がないと突発的な不幸に見舞われたり、事業においても想定外の不利益ばかり起きたりして何事も立ち行かなくなります。

先祖供養をすることで自分を見守ってくれている先祖からの運気の面でのサポートを受けることができるかもしれません。先祖供養としてお墓参りをしないということは、見守ってくれている先祖を無視するということになってしまいます。

人間は二度死ぬと言われています。一度目の死は寿命や病気などによる物理的な死です。

二度目の死は誰からも忘れられた時です。自分が死んだとして、すべての子孫から忘れられることはきっと寂しいことかと思います。

私は、家系図を作りすべての先祖のお墓を最低でも年に1回は訪れるようにしています。また、感謝の気持ちを表すためにもお墓磨きを徹底的にやるようにしています。私の場合、滋賀と小倉と鹿児島にお墓がありますが、こちらは家系図から遡って明確にしました。

家系図は役所に問い合わせて戸籍を得ることで作成できます。または家系図を作成することを専門にしている事業者に依頼して作ることができます。

お墓参りについては、開業したとしから毎年欠かしたことはありませんが、そのお陰もあってか、開業時から7年連続で業績は右肩上がりを実現できていると感じています。

◎ 神社巡りする

神社巡りは、日頃、私たちを見守ってくれている八百万の神に感謝の気持ちを伝えるために行います。よく神社巡りをする時にお願いごとを伝える風景を目にしますが、こちらは本来の趣旨からは外れています。

なぜなら、八百万の神はすでに我々に与えるべきものをすべて与えてくれているためです。世界には70億人ほどの人間が生活していますが、世界には日本とは異なりその日食べるものを確保することが難しい国もあります。世界全体では８億２０００万人もの人が飢餓状態であるとのデータがあります。我々は、お腹が空いたら、ご飯は食べられますし、寝る場所もあります。さらに、目や耳や手足もあり、日常生活にも困りません。このような状態というのを当たり前と捉えてしまうと感謝の気持ちは生まれません。感謝の対義語は当たり前と言われています。

神社巡りをすることのメリットは、神様から御利益を授かることができるということです。今の状態に感謝の気持ちを伝えられる人間の方が、現状に不満ばかりで感謝の気持ちがない人間よりも御利益を授かることができます。

前述したように１人の人間にできることはたかが知れており、基本的に人間は与えられた環境によって生かされている存在です。

そのため、謙虚な気持ちを忘れずに、感謝の気持ちを持ち続けること、また神社巡りという形で感謝の気持ちを神様に伝えることは重要な習慣です。

◎ 自己開示する

士業という職業は、真面目さと誠実さがとても大切です。しかし、固い職業と思われがちであり、真面目で誠実なだけでは面白くない人間であると思われてしまう可能性があります。

私が開業したばかりの時ですが、ヴォイストレーニングスクールを経営する先輩の経営者から「原田君が真面目で誠実なのはよく伝わる。でもそれだけでは人間としての幅が足りず、魅力を感じない。」と言われたことがありました。人間は、皆が完璧ではなければ、聖人でもありません。

汚らしい部分や恥ずかしい過去は、誰しもが持っているものかと思いますし、そういったものがあるからこそ人間味があるのだと思います。

先輩から忠告を受けてから私は、初めて会う方であっても大学生の時にはパチスロで食べていたことや、場合によっては下ネタ系の自分の過去の恥ずかしい経験なども喋るようになりました。

こうすることで、真面目や誠実なだけではない、人間としての幅が魅力として相手に伝わりやすくなります。その結果として、真面目さや誠実さなどの良さがさらに伝わるのです。野球で例えるなら、真面目さや誠実さは士業にとって直球のスピードやキレに相当します。直球がヘロヘロだと、プロ野球では通用しません。しかし、いかにスピードもキレもある直球であっても、直球だけ投げていては相手のバッターを仕留めることはできません。変化球に相当する、自分の過去の恥ずかしい経験などの人間らしさがあって、初めて直球が活きてきます。また、強力な直球があるからこそ、変化球も活きてくるという相乗効果があります。

また、真面目で誠実なだけの人間だと、こっちも相手に対して真面目で誠実でいなければいけないため、付き合っていても窮屈です。真面目で誠実なだけではない、人間らしい面が相手に伝わることで、相手と仲良くなりやすくなります。

◎ 士業はサービス業であるとの認識を持つ

お客様にサービスを提供している以上、我々士業はサービス業者です。サービス業者である以上、お客様の目線に立ってサービスを提供しなければいけません。

一方で、士業は顧客に対するホスピタリティが足りないという声を私はよく聞きます。具体的には、顧客には伝わらない専門用語を使ったり、メールの返信が遅かったりすることが多いようです。

こちらは専門家なので、法律を含めて専門分野には精通しています。しかし、ほとんどの顧客は右も左も分からない素人です。

私がある社労士の方にキャリアアップ助成金の申請を依頼した時のことです。キャリアップ助成金は、アルバイトの従業員を正社員として採用した時に、厚生労働省からもらえるものです。助成金の申請は初めてであり、どんな書類が必要かも私には分かりません。

依頼した以上、書類の作成からすべてやってくれるのだと私は考えていました。しかし、この社労士の方からは、厚生労働省のＨＰのＵＲＬのみが送られ、ＨＰの内容を見ながら必要な書類を全部自分で準備しろと言われてしまいました。

こちらとしては、初めてのことなのでＨＰを見て必要な書類を準備するのにとてつもない手間がかかってしまいました。社労士に依頼することで助成金の申請にかかる時間を買ったつもりでいましたが、結局自分でやるのと変わらない結果になってしまいました。

さらに、書類の不備で役所から何度も呼び出され、その度に、社労士にどのように対応すればよいのかを質問しましたが、「何が必要なのかは役所に確認しろ」と一蹴されてしまいました。それ以外にも社労士にメールで質問をしても返信が来るのが2日後であり、さらに専門用語ばかり書かれていて、何を書いてあるのか分からないという状況でした。

メールの返信については、24時間以内というのが私の中では当たり前でした。飲食店に入店してその後、1時間もオーダーを取られず放置されたらこの店へのリピートはなくなるのと同じです。また、士業はサービス業である以上、顧客に対して、伝わるように説明する義務があります。

その後、何度もやり取りをした結果、こちら側の膨大な努力を伴ったものの何とか助成金が支給されました。

助成金が支給されたことを社労士に報告をすると支給された額の30％もの成功報酬がいきなり請求されました。士業事務所であれば請求する前に見積を送るのは当たり前です。見積もなしに請求書を発行してしまうと、ほとんどの場合がトラブルに発展します。

この社労士は、成功報酬について事前に説明が一切ありませんでした。私は助成金取得に伴い、なんのサポートもなく、さらに見積なく相場の20％よりも高額な30％もの成功報酬を請求され、非常に憤りを覚えました。

この社労士は、仕事を紹介し合う交流会のメンバーでしたが、私は自分の大切なお客様をこの社労士には絶対に紹介したくないと考えるようになりました。このような方を紹介してしまうと、紹介者としての責任をこちらが負わなければなりません。また、顧客からの信頼を私自身が失ってしまうことになります。

この社労士は、交流会にて案件を紹介される度に同様の対応をしていました。そのため、交流会の中でも悪評が広がり、誰も案件を紹介しない状況になり、最終的には会を退会しました。

士業では、このように当たり前のことを当たり前にできる方が実は少ないです。そのため、当たり前のことをきちんとやるだけでも同業との差別化になります。

紹介を獲得し続けるためには、良いサービスを提供してお客様と紹介元との信頼を得る、そしてその信頼を継続させることが必須です。

地味で当たり前のことであっても、丁寧に顧客に対して寄り添ってサービスを提供するだけで、十分に事務所を発展させる要素になります。

野球で例えるなら、打率で3割を打つ打者は一流であると言われ、打率で2割5分の打者は二流と言われています。しかし、1年間で600打席があるとすると、実は一流の打者と二流の打者とでは、年間の安打数は30本しか違いがありません。つまり、たったの30本の安打数の差によって、一流か二流かが決まるのです。50m走では0・1秒の差が1位と最下位分けることもあります。

一流と二流との差は、微差であり、士業のサービスにも同様のことを言えます。一流のサービスと二流のサービスとの違いは、泥臭い当たり前のことを丁寧に行い、微差の顧客満足をどれだけ積み上げられるかで決まります。

［第5章］

成功する士業事務所の在り方

1　在り方に対する考え方

◎ 自分の人生の自己棚卸をする

自分の人生の自己棚卸をすることのメリットは、人間というものの性質がよく分かるようになり、顧客、提携先、従業員など、接している相手の感情を把握しやすくなるというものがあります。

また、自分自身を知ることで、自分の言動をコントロールできるようになります。車の運転で例えるならば、コントロールができないというのは、ハンドルもどこに回るか分からない、アクセルもブレーキもいつどのタイミングでどの程度踏まれるのか分からない状態です。このような状態ですと、目的地に到着できないどころか、事故を起こしてとんでもないことになってしまいます。

自分自身を知り、コントロールできる状態であることで、目的達成に向けた言動を正しく実行できるようになります。

さらに自己棚卸をすることで、自分の人生を価値化できます。価値化した内容はプレゼンテーションの資料にも活用でき、共感を得ることができます。昨今の時代、顧客の多くは「何を買うか」よりも「誰から買うか」というのを重視する傾向にあります。プレゼンテーションの内容については後程詳しく説明しますが、自己棚卸した内容をプレゼンテーションに活用することで「誰から買うか」の誰に圧倒的に選ばれやすくなります。

◎ 著者が人生の自己棚卸をした例

自己棚卸を実際にした例を私のケースにて説明します。

私は、父親と母親と妹の４人家族でした。母親は中学生の頃から急に私や妹のことを勉強していい学校に行けと、言葉汚く罵倒するようになりました。高校になるとさらにエスカレートしていき、家に帰ると毎日2時間以上も私のことを「クズ」「ゴミ」と罵倒するようになり、勉強する時間どころか気力もなくなりました。私は、高校は進学校といわれるところに通っていましたが、どんどん落ちこぼれていき、成績は学年で最下位までになってしまいました。

毎日罵倒され続けた結果、自分がクズだからここまで言われるのだと考えるようになりました。こうなると自分自身のことをクズと考えているため、人と話すのも怖くなり、人前では怯えてオドオドしていました。

オドオドすると、周りからもイジメられるようになり、部活でも学校でも殴る蹴るの暴行にあっていました。それでもイジメられるのは自分がクズだから仕方がないという思考回路でした。

これまでの自分を変えたいと思い、母親がいる千葉から離れた福島県の会津の大学に進学しました。自分を変えたい、自分もいつか誰かから必要とされ、喜ばれる人間になりたいと思い、モスバーガーでアルバイトを始めました。

自分なりに精一杯頑張ったつもりでしたが、自分に自信がないため、同僚と普通に会話するのにも恐怖心がありました。コミュニケーションが上手く取れず、仕事でもミスばかりのため2週間でクビになってしまいました。その後もコンビニや結婚式場、イタリアンレストランなど様々なバイトを経験するも、すべて勤まらずにクビになってしまいました。

自分を変えるきっかけが欲しくて、サークルもサッカーサークル、野球サークル、トライアスロン部、軽音楽部と様々なことに挑戦しました。軽音楽部ではバンドのボーカルをしていたのですが、これも自分なりには頑張ったものの、上達せず、歌が下手という理由で半年でクビになってしまいました。とても悔しかったので、歌が上手くなるために地元社会人の合唱団に入ったことが、人生を変える師匠と出会うきっかけとなりました。

その人は、合唱団の人からご紹介頂いたボイストレーナーでした。月に1度のレッスンで、私の人生に対するアドバイスをしてくれました。

その先生から言われたのは「原田君は自分のことを全く理解していない。自分を理解しないと周りの状況も見えない。まずは自分自身を理解することから始めよう。」というものでした。その日から、自分自身の心の動きがあった時、なぜこのような心の動きをするのかを自己分析することを習慣化していきました。

自分の心の動きや、考え方に一定の傾向があることに気付きました。また、考え方のクセは先天的なものではなく、過去の経験、特にマイナスの経験が影響していることが分かってきました。例えば、私の場合、周りから攻撃されるとすべて自分が悪いと解釈し、その後、思考が停止して何もできなくなってしまうという傾向がありました。そして、その原因は過去に母親から毎日のように「全部お前が悪い」「お前がクズだからだ」と言われてきたことだということが客観的に分かりました。

また、人間の脳というのは思い込むものであり、必ずしも事実を正確に認識できるものではないということも分かってました。だんだんと、もともと自分が悪いわけではなく、罵倒されているのは罵倒している側の人間に問題があるのではないか、と考えるようになりました。そうなると、自然と罵倒する側の人間がなぜ他人を罵倒するのかを分析するようになりました。

私の母親の場合、私の母親自体が祖父から虐待を受けていたことを思い出しました。まだ私が小さかった頃ですが、私の祖父は、母親の顔面を殴り、母親が鼻血を大量に出しながら泣いていたのを思い出しました。私の母親の場合、自分自身が受けた経験から、精神的な攻撃を自分の子供に対しても行うことで憂さ晴らしをしたり、バランスを取っていることも分かってきました。このような人間の場合、常に自分の支配下に他者を置くことで安心感を抱くという傾向が出ることが多いです。

罵倒される人間よりもむしろ、罵倒する側の問題であることが分かるようになってくると、ずいぶんと気が楽なりました。

まさに先生が教えてくれたように、自分を理解することで、周りの状況や、他者の心理が非常によく見えるようになりました。そして少しずつ自信を取り戻した私は、人と話すこともできるようになり、本来の能力を発揮できるようになってきました。

大学院の1年の春、車の助手席に座ってパチンコ屋に入ろうとしたところ、よそ見運転のタンクローリーに追突されて、そのまま、パチンコ屋に突っ込みました。左手の骨が竹のように縦方向に折れたため、手術をして治療しました。その事故のせいで、左腕に痺れと痛みと発生する障害が残りました。また、右手にできた切り傷を縫合したのですが、医療ミスで、右手に3cm角の大きなフロントガラスの破片が入ったままにされてしまいました。

右手は腫れあがり、夜も眠れないほどの痛みでした。何度も病院でレントゲンを撮ったのですが、何も発見されませんでした。フロントガラスの破片は、1年3カ月かけて右腕の中を移動し、事故から1年3カ月後に、ようやく発見されました。1年間、右腕の腫れはどんどん酷くなっており、夜も眠れませんでした。

大学院1年の10月に、就職活動を開始したのですが、就職活動の面接で聞かれることは、大学院に入って、どのような研究をしているかばかり。大学院生は、どれだけ勉強したかが採用の決め手になると痛感しました。

一方の私は、大学院生になっても相変わらずパチスロ三昧の日々。面接官の質問にはまともに答えることができませんでした。結局、２００社受けてパチンコ屋からしか内定をもらえませんでした。

就職が決まらず、卒業後に無職になってしまう、そもそも大学院卒業できるのか、という不安と、右腕の痛みで眠れない日々が1年以上続きました。このまま人生が終わるかもしれないと、本気で危機感を抱きました。

その時に、この腕の痛みはパチスロばかりやってきた罰であると感じ、これまで勉強してこなかったこと、時間を無駄にしたことを猛省しました。

就職が決まらず、会社や社会は自分を守ってくれない。自分の身は自分で守らなければならないと感じ、自分が生き残るために必要な知識を積極的に得るようになりました。

その後、カーナビメーカーへの就職が決まったものの、会社に依存しなくても生き残っていけるようになりたいと考えるようになりました。

また、「今までの自分の人生を変えたい。」「自堕落だった大学生時代を清算したい。」との思いもあって、働きながら弁理士試験の勉強を開始しました。その後、5年勉強して弁理士試験に合格し、都内の特許事務所に転職しました。

特許事務所では、大企業向けに出願書類を作成するものの、大企業は特許事務所を下請けとしてしか見ていないことを知りました。

そして、無理な要求、頻繁に行われる値下げ要求など、大企業から下請けとしての扱いを受ける日々。また、どんなに業務をこなしても、自分がやっている業務が企業の利益に繋がっていることを実感できず、大企業からの要求通り、毎日毎日ロボットのように出願書類を作成するだけでした。

特許事務所での3年半の実務の中で、中小企業を支援したいという気持ちは、日々高まっていました。しかし、独立しても上手くいく保証はありませんでした。

そんな中、有給を取って行った展示会で中小企業の社長と話をし、「売上アップ」「資金繰り」に困っている、と悩みを聞くことができました。

それをきっかけに、自分自身の過去の経験もあり、努力しているがその努力が報われない、大企業に対して決して立場も強くない中小企業の力になりたいと思い、周りから無謀と言われる中、2016年に開業しました。

このように私の場合、棚卸をした結果、自分自身の軸が「本来の価値が正当に評価される中小企業を1社でも増やしたい」というものであることが分かりました。

これから自己棚卸した内容を具体的にどのように活用していくかについて解説します。

◎「ストーリー」を作ろう

自分の生い立ちを言語化することで、自己棚卸をした内容を価値化できます。そして、自分の人生をストーリー化しておくと、見込み客や提携先に自分の価値を記憶として残してもらいやすくなります。あくまで受注に繋げることが最終的な目標ですので、ストーリーは、なぜ自分がこの仕事をして、どんな価値を顧客に提供したいのかという内容を必ず盛り込みます。

人間の脳は、左脳は短期記憶、右脳が長期記憶をする役割を持っています。短期記憶に記憶される内容は主に英単語などの学習系になります。受験勉強をして一生懸命に覚えた内容を次の日には忘れていたという経験をしたことがあるかと思いますが、左脳に短期記憶された情報は忘れられやすい傾向にあります。

一方で、ストーリーは長期記憶に保存されるため、記憶に残りやすい性質があります。昔に鑑賞したものでも、映画のストーリーは覚えていることが多いのもそういうことです。

自分の人生の山谷のストーリーには、いわゆる神話の法則の以下の1~8までのパートから構成されるテンプレートを使います。このテンプレートは、スターウォーズなどの映画でも使われているものであり、感動を生む物語にできるという特徴があります。作成したものは、HPなどの媒体に掲載して活用できます。私の場合、掲載した内容に共感した人が問い合わせをくれたり、従業員が何名か応募してくれたりなどの成果に繋がりました。

ゲームのように気軽に作ってみてください。

1．天命

日常で暮らしていた主人公に事件が起きて、凡人だった主人公にお告げがくる。

2．旅の始まり

問題解決をするために、いやいや主人公が旅に出る。

3．境界線

最初の壁にあたる。きっかけをつかんで主人公は元にいた世界を越境する。

4．メンター

1分1秒のズレもなく人生を左右するメンターに出会う。メンターとの出会いからさらに主人公は大きく飛躍する。

5．**悪魔**

最大の悪魔に出会い、主人公は完膚無きまでに叩きのめされる。主人公は自信を失う。

6．**変容**

主人公は何かのきっかけでより大きな存在になる。

7．**課題完了**

悪魔との最後の戦いに臨む。最後の戦いに勝利して主人公は英雄になる。

8．**帰還**

主人公は課題完了して、レベルアップした状態で元いた世界に帰還する。

交流会などでプレゼンテーションをする場合、この1～8のテンプレートに自己棚卸した内容でストーリーを作り、スライドに当てはめていきます。

このプレゼンテーションの効果は絶大で、私の場合、多くの共感を得て、提携先および顧客の獲得に成功してきました。

余談ですが、プレゼンテーションの資料では、一つのスライドに使われる文字は13文字以内で大きく表示します。13文字を超えてしまうと、聴衆がこちらの話を聞かずスライドを読んでしまうからです。また、文字を小さくして膨大に文字情報をスライドに盛り込んでも、聴衆は内容を読み切れませんし、頭に入ってきません。

別のテクニックとしては画像を多く用いるというものがあります。画像は視覚的な情報であり、文字の何倍もの情報量があると言われており、直感的に聴衆にイメージを伝えることができるためです。

それでは、私が実際にプレゼンテーションで使用したストーリーをご紹介させていただきたいと思います。１～８のタイトルと頭の文章をスライドに起こし、文字の部分をプレゼンテーションの際に読み上げています。

1．天命

日常で暮らしていた主人公に事件が起きて、凡人だった主人公にお告げがくる。

小学生の時から個性が強すぎた自分。学校では常に問題を起こしていました。得手不得手が激しく、小学校1年生の時に、小学校6年生の算数までできるなど、得意なことはいいものの、音楽やスポーツや図工などは極端に駄目でした。

自分でも「向いていることを仕事にしなければ自分の人生はダメになる」ということを理解していました。

また、自分の人生は、極端に成功するか、極端に失敗するかのどちらかしかないと理解していました。

私の家庭は、父親、母親、妹の4人家族でした。母親は、毎日家に帰ってからは、寝ている間も「ゴミ、クズ」と罵る人間でした。父親は、お金を稼ぐのは得意でしたが、母親の怒鳴り声から逃げるため、家庭を顧みず、家にほとんどいませんでした。

妹は、母親から「ブス子」「外見が醜い」と毎日罵られたことによって、心が崩壊し拒食症になりました。

2．旅の始まり

問題解決をするために、いやいや主人公が旅に出る。


高校時代、サッカーが好きだったことから、サッカー部に入部しました。

けれど、運動は得意ではなく、サッカー部員の中では一番下手でした。

下手なことが原因で、他の部員から殴る蹴るの強烈なイジメにあいました。

なんとか見返したいと思い、練習が終わった後や土日、昼休みも黙々と１人練習しましたが、全く上達しませんでした。


どんなに努力しても、周りからは馬鹿にされ、罵倒される日々。

心がボロボロな状態で家に帰っても、母親からは追い打ちをかけるように毎日罵倒され続けました。そんな日々が続き、自分に自信が持てない、人と話すのが怖く、周りからいつ攻撃されるのかとオドオドする人間になりました。

自分自身に自信を失くしてしまい、高校での学業の成績でも最下位になるなど完全に落ちこぼれてしまいました。

自分は何が向いていて、どこに進むべきか自問自答する日々。

このままではいけないと考え、大学入学後は、自分が向いていることを見つけ自分を変えたい一心で、スーパー、イタリア料理店、結婚式場、コンビニの店員など様々なアルバイトに挑戦しました。

しかし、スーパーのレジ打ち以外のバイトは、すべて1カ月程度でクビになってしまいました。今思うと、虐待され続けて、心と思考が崩壊していたので、接客がまともにできないことなどが要因でした。


自分を変えなければならないと、もがき続けており、サッカーサークル、軽音楽部、軟式野球部、トライアスロン部、社会人の合唱団、ＩＴ会社へのインターンなど、様々な活動に参加しました。自己啓発の本を読んだり、自分を変えるためにできることはなんでもやりました。

何をやってもだめ、大学の2年生の夏まで自分に何ができるのか悩み続けていました。

そんな中、自分が才能を発揮できる仕事が見つかりました。

3. 境界線

最初の壁にあたる。きっかけをつかんで主人公は元にいた世界を越境する。

才能を発揮できる仕事、それはパチスロで稼ぐことでした。
私は、北海道のパチスロプロのブログを読み込んで、パチスロの勝ち方を研究しました。
最初は徹底的に真似をしていき、だんだんと勝ち方を自己流に改善していきました。
時給で５０００円を達成し、自分が、数字の分析と状況の分析、利益の創出が得意なことが分かりました。

パチスロでは最終的に、人を４人雇い組織化し、時給２万円にまでなり、お金だけは稼いでいました。しかし、パチスロで稼ぐことの、虚しさ、生産性のなさ、社会になんら貢献できない後ろめたさに、全く充実感がありませんでした。

一方で、本業である学業には全く専念していませんでした。自分を変えようと思って大学に進学したのに、大学にも行かず、パチスロ三昧の自堕落な毎日を過ごしていました。

結局、パチスロ三昧を大学4年までやり続け、進路をどうするか考えた時に、まだパチスロをやり続けたいために大学院に進学しました。

自分の人生は、極端に上手くいくか失敗するかのどちらかと認識してましたが、極端に失敗する方向に進んでいることだけは確かでした。

4. メンター

1分1秒のズレもなく人生を左右するメンターに出会う。メンターとの出会いからさらに主人公は大きく飛躍する。


歌が上手くなるために入った合唱団の紹介で、小山先生という声楽家に出会いました。

小山先生は、「自分自身を観察する」「自分自身の考え方の癖などを自己分析する」「周辺の環境を観察する」「他者の心理を観察、分析」するなど、様々なアドバイスをしてくれました。

また、自分自身を正確に観察できるようになることで、周りの状況や、他者の心理などを分析できるようになると指導してくれました。

これまで、何をやっても自分自身を変えることができなかった私は、小山先生の教えを徹底的に実践しました。

何かを行動する時は、「自分の心理を観察」し、「現在の状況・他者心理を分析」し、適切なアクションを決定して実行するということを習慣化しました。

また、自分の心理・精神などを勉強するため、膨大な書籍を読みました。

このような状況分析の実践と、書籍によるインプットを通じて、自分の気持ちだけでなく、相手の心理がよく分かるようになりました。

そして「敵を知り己を知れば百戦危うからず」の通り、人生はプラスに向かい始めました。

5. 悪魔

最大の悪魔に出会い、主人公は完膚無きまでに叩きのめされる。主人公は自信を失う。

大学院に進学した後、先輩の車に乗ってパチスロ店に移動している時のことでした。タンクローリーから追突される大事故に巻き込まれました。左腕が麻痺する一生残る障害を抱えることになり、入院のために1年留年することになりました。

悪いことは続きました。右腕がパンパンに膨れ上がり、夜も眠れないほどの痛みが続き、何度病院で検査をしても原因は判明しませんでした。右腕の痛みは酷くなり、事故から1年後に千葉の病院にて検査したところ、なんと10円玉ほどのサイズの車のフロントミラーが右腕に入っていることが判明しました。

交通事故の際の医療ミスによって、フロントミラーが右腕に入ったまま縫合していたとのことでした。右腕に入ったフロントミラーは手術で摘出されました。

その後、就職活動を迎えました。しかし、就職の超氷河期の状況で、大学院まで行ってもろくに勉強しておらずパチスロに明け暮れていたため、200社以上にエントリーシートを送っても就職がなかなか決まりませんでした。

唯一内定をくれた会社がありました。それは、パチンコ屋さんでした。同級生が社会人として働いている中、既に26歳でした。

「このまま誰の役にも立てないで自分の人生は終わってしまう…」

卒業後に無職になってしまうのではないかという不安と、腫れあがった右腕の痛みで、ほとんど眠れない日々が1年以上続きました。

翌年、二度目の就職活動を経験しましたが、この年も内定をもらえませんでした。このまま大学院を卒業しても無職のままなのかと今までの自分の行いを深く悔やみました。

「人生を詰んでしまった。意外とあっけないものだな。」

普通に就職して、働いて、結婚する。普通では当たり前な状況も自分にとっては遥か遠い夢でした。厳しい現実に絶望しました。

6．変容

主人公は何かのきっかけでより大きな存在になる。

そんな中、奇跡的にカーナビメーカーへの就職が決まりました。

当時の自分は、辛い就職活動の経験や「今までの自分の人生を変えたい。」「自堕落だった大学生時代を清算したい。」という思いが強かったです。

新入社員研修が終わり、配属が決まった帰り道でした。本屋に寄ると、一冊の本に光が指して見えるという出来事がありました。

その本を読んで弁理士という資格があることを知りました。また、弁理士は大学院の修士を卒業していれば選択科目が免除になること、受験生の9割が社会人で働きながら勉強をしていることを知りました。また、将来的には独立開業も可能であることを知りました。

一方で受験生のほとんどが旧帝国大学をはじめとする高学歴な人でした。私の卒業した大学からは学部からの卒業生では過去に合格者が1人もいないため、合格のハードルは高いと感じました。

しかし、予備校のパンフレットに成功すれば２０００万円以上の年収も夢ではないと書いてあったことは当時の自分にはとても魅力的でした。また、就職活動で苦労をした経験から、企業に依存しなくても最後は自分でなんとかできる力が必要であると考えていたこともあり、弁理士に合格して自分自身の人生を一発逆転したい、他者を見返したいと思い、働きながら弁理士試験に挑戦することを決めました。

受験勉強を開始してからは会社で残業はほとんどやらずに、毎朝５：３０に起床して、出社時間ギリギリまで勉強するという日々でした。空いている時間はすべて勉強に使い、会社の昼休みの時間、土日・休日もひたすら勉強しました。大変な毎日でしたが、生まれて初めて自分で決めた目標に対して努力している実感があり、幸せでした。

猛勉強の甲斐もあり、1年目で一次試験に合格できました。生まれて初めて、努力が報われるということを心から実感しました。

弁理士として生きていくことが自分の使命であることを信じ、５年目で弁理士試験に合格できました。当日私が勤務していたカーナビメーカーにて過去60年の歴史の中で２人目の合格者となりました。
人生で初めて、目標に対し努力し、それが報われました。
これでようやく成功に満ちた明るい未来が待っていると信じていました。
しかし…。

7．課題完了

悪魔との最後の戦いに臨む。最後の戦いに勝利して主人公は英雄になる。

資格試験の規制緩和もあり、弁理士の数が20年で3倍と右肩上がりという状況でした。弁理士の希少性が乏しくなり、資格の価値が大暴落してしまいました。

独立開業を視野に入れて取った資格ですが、弁理士のほとんどは会社勤務であり、独立するのは3人に1人という状況でした。

なぜここまで独立開業する人がいないのか。その理由は、大企業をクライアントにしなければメイン業務である特許出願の受注が困難であるものの、大企業は古参の特許事務所が顧客化しており、新規参入にて顧客化することが困難であるためです。

弁理士の価値が大暴落

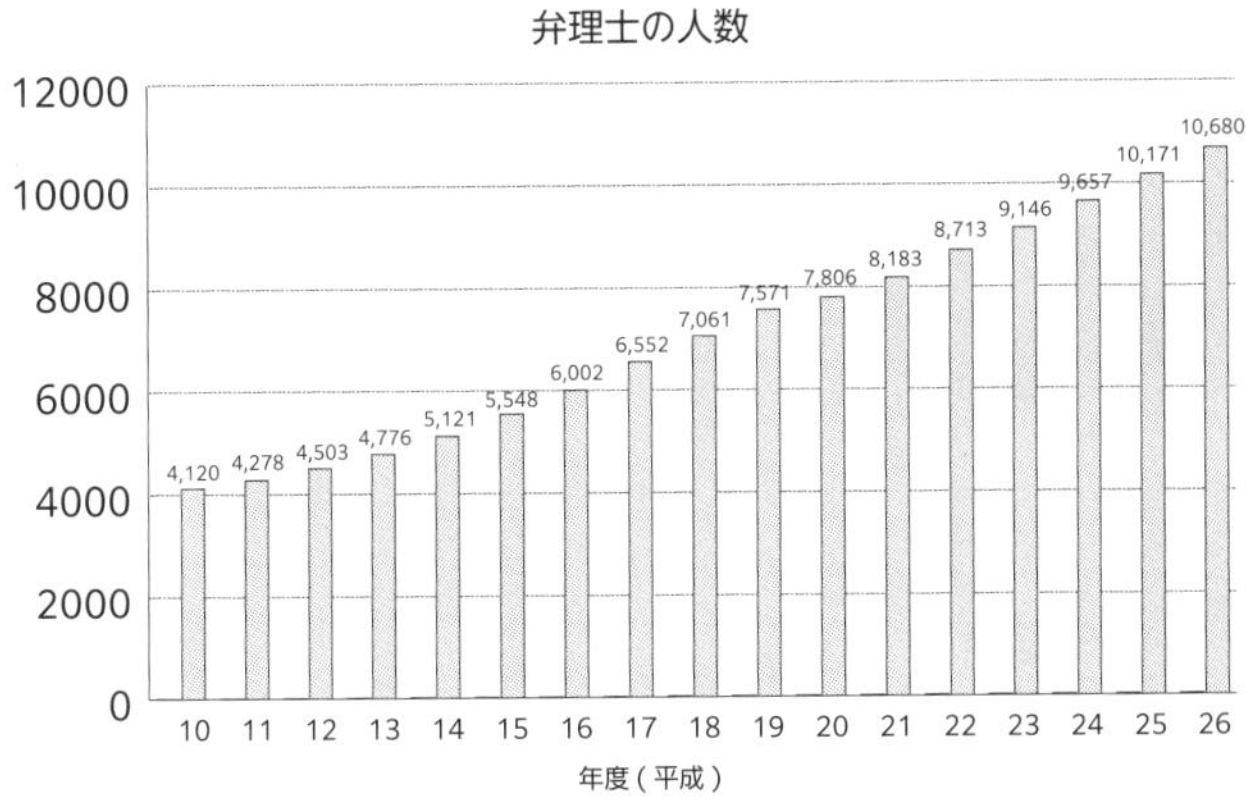

	主たる事務所		従たる事務所	
特許事務経営	2,174	23.3%	699	6.0%
特許事務所勤務	2,473	21.3%	698	6.0%
特許事務所共同経営	621	5.3%	322	2.8%
会社勤務	2,805	24.1%	211	1.8%
法律事務所勤務	62	0.5%	8	0.1%
特許業務法人経営	787	6.8%	298	2.6%
特許業務法人勤務	1,845	15.9%	341	2.9%
弁護士法人経営	36	0.3%	10	0.1%
弁護士法人勤務	67	0.6%	14	0.1%
官公庁、非営利団体勤務	173	1.5%	22	0.2%
その他	53	0.5%	9	0.1%
合計	11,636		2,632	

【企業数、特許出願件数に占める中小企業の割合】

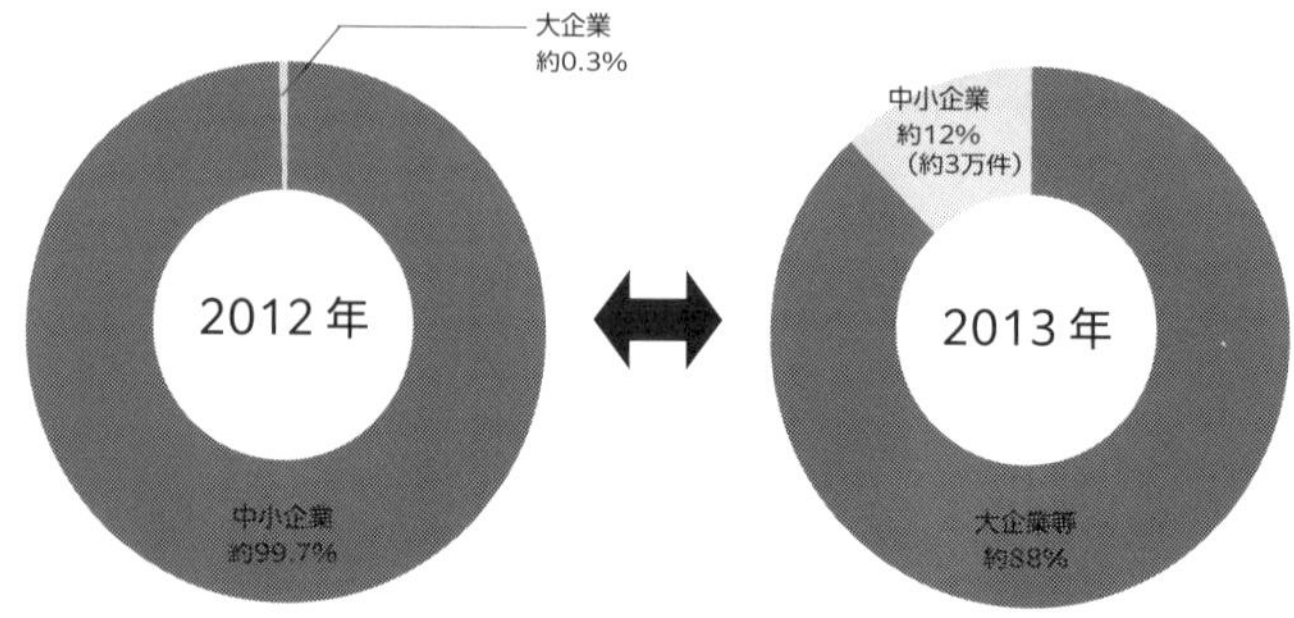

全企業数　約386万社
中小企業白書2014年版付属統計資料

内国人による特許出願件数　約27万件
総務省普及支援課調べ

こちらの図にもあるように日本は中小企業が99・7％を占めるにも関わらず、わずか0・3％の大企業が88％の特許申請をしているという現実があります。そのため、比較的新規参入しやすい中小企業を対象にしても、特許出願をしたいというニーズが少なく、事業継続が困難という現実があります。

実際に私が勤務していた事務所の同僚で独立した弁理士も1年以内で撤退するなど、ほとんどが上手くいっていませんでした。

予備校のパンフレットでは、年収2000万円も夢ではないと書いてありましたが、合格直後のサラリーマン弁理士だった私の年収は350万円でした。

その後、独立開業の準備も兼ねて都内の元弁理士会会長の特許事務所に転職します。転職した当初は、これで弁理士として、お客様のお役に立てるという喜びで一杯でした。

転職先の事務所の案件はほとんどが大企業からのものでした。また、大企業は特許事務所のことを下請けとしか考えておらず、転職してからは言われるがままロボットのように申請書類を作成する毎日でした。さらに、頻繁に行われる値下げ要求など、大企業から下請けとしての扱いを受ける日々でした。

また、お客様の規模が大きすぎるため、自分の作成した申請書類がお客様のビジネスのどの部分に貢献できているのかも分かりにくく、お客様の利益に貢献できていることを実感できない日々でした。

このような日々を過ごす中で、自分の過去の経験もあり、努力しているものの決して立場としては強くない中小企業を支援したいと考えるようになりました。

中小企業を支援したいという気持ちは、日々高まるものの、独立しても上手くいく保証はありませんでした。

中小企業の案件を対応した実績が少なかったため、中小企業にとって自分がどんな貢献できるのかを調査するために、平日に有給を取っては展示会場に行って、中小企業の経営者が何に悩んでいるのかをヒアリングしました。

今でも覚えていますが、32名の経営者から話を伺った結果、中小企業の経営者が、①資金繰り ②売上アップ ③人（従業員）の問題に悩んでいることが分かりました。

8．帰還

主人公は課題完了して、レベルアップした状態で元いた世界に帰還する。


2016年に無謀と言われる中、独立開業しました。

人脈ゼロ、営業経験ゼロ、さらにコミュ障だったので、周りからは「必ず失敗する」と言われていました。


私には、過去の自分自身の経験から、立場が弱い人を守りたいという思いがありました。

そして、私の開業した時の軸は、「本来の価値が正当に評価される中小企業を1社でも増やしたい」というものでした。

そして、中小企業の要望に応えるべく、補助金の申請、特許・商標を売上アップに結び

独立後の業績推移

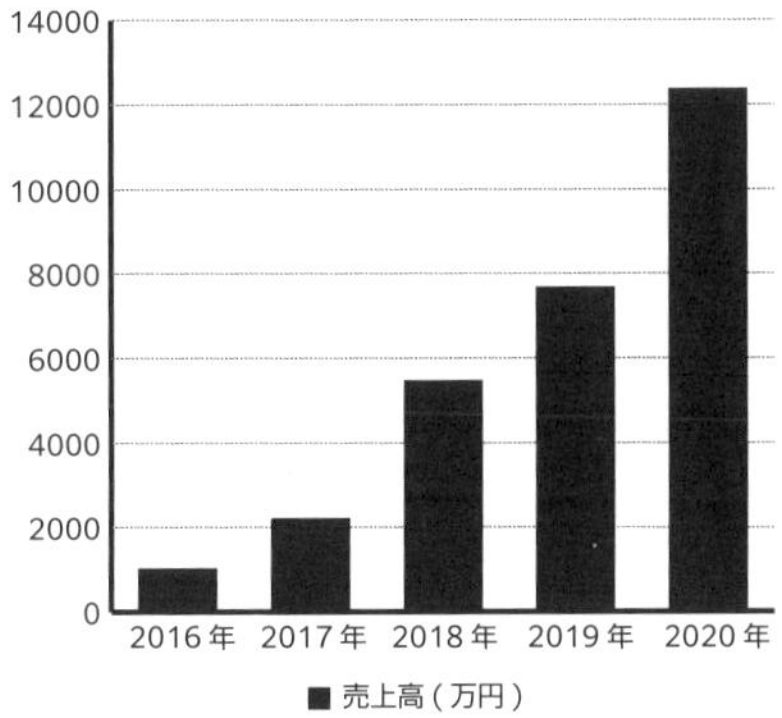

無謀と言われる中
2016年に独立

付けるためのサービスを開始しました。

皆さまに支えられて、独立後は、毎年１６０〜２５０％の成長でした。


「特許のお陰で、１億円の受注が決まった」

「営業が楽になった」

「１０００万円の補助金を獲得できた」

「社員が自社に誇りを持ってくれるようになった」

「大企業とのアライアンスが決まった」

などの声が寄せられ、弁理士になって良かったと実感する日々を送っています。


いかがでしょうか。このように山あり谷ありのストーリーにてプレゼンテーションをすることで、相手の感情を揺さぶり、共感を得ることができるわけです。

◎人は自分の親を選んで生まれてくる

人は何のために生まれてくるか、その問いに対する自分なりの答えを出せたのは、25歳になってからでした。

昔は、親からも毎日怒鳴られて、どうして自分だけがこんなにひどい目に合うのかと文句ばかりの日々でした。

しかし、様々な書籍を読んで調べているうちに「人は自分の親を選んで生まれてくる」という内容に辿り着きました。

その本には、人間が生まれる究極の目的というのは、人生を通じて自分自身の精神を修行するためであり、修行を通じて愛を学ぶと書いてありました。

成長意欲が高い人ほど厳しい環境を選んで生まれてくる。また、成長するために自らに厳しい試練を課すということを知りました。

さらに、精神の修行が目的あるため、多くの人は修行に最適な人を両親として選んで生まれてくるという言葉に、当時の自分は勇気づけられました。

人生には様々な困難が起きます。私自身も何度も絶望を味わいました。

しかし、困難な出来事も修行のために自分に課したのであれば、そもそも自分に乗り越えられないほどの困難は起きないと言えます。

自分に乗り越えられないことは起きない、すべては自分の成長のためであると考えるようになり、私は困難に対して前向きに取り組むようになりました。

◎ 不都合なことが起きたら全部自分のせい

目の前に起きたことがすべて自分の成長のためにあると考えるようになり、不都合なことが起きてもすべては自分の修行が足りないからと考えるようになりました。恥ずかしい話、つい最近にも事務所の社員に謀反を起こされるという出来事がありました。

しかし、謀反を起こされたということは、自分自身に改善すべき点があったことを示唆されているということです。

もしもこの世の中に神様というものがいるのだとしたら、人間が不幸になる出来事を起こしたりはしないはずです。あくまでも起きる出来事によって、間違っていることを教えてくれているだけです。起きた出来事から自分のまずかった点を分析して、改善していけば良いということです。

人間は完璧ではありませんが、こういったことを繰り返して自らを改善し続けることで成長していけるのです。

◎人間の脳は悲観的（脳は勘違いする。現実を正確に把握できない）

人間の最も本質的な本能とは何かご存じでしょうか？ それは生存本能です。原始時代、人間は他の動物に比べると力も弱く、体も小さい弱い生き物でした。そのため、他の動物に捕食されたりといったリスクがあり、常に死と隣り合わせでした。生存本能があったからこそ、危険を回避してきたとも言えます。

この生存本能は、現代社会のように捕食されたりといった危険性がない状況であっても、依然として人間の脳にインプットされています。

人間の脳というのは、現状を正確に判断できるとお考えの人も多いかもしれません。しかし、生き残るためには臆病であることが何よりも大切です。そのため、実際人間の脳は、生存本能に基づき、現状を必要以上に悲観的に捉えることで危険を回避しようとする性質があります。人間は基本的にはマイナス思考で臆病なのです。

生存する上で一番大切なことは、相手が敵か味方かを判断する能力です。人間は生き残るためにマイナスな記憶が溜まっており、生存本能との関係で通常は相手を恐れます。人間の脳は勘違いするものであり人間は、経験による思い込みで生きています。そのため、自分が経験したことが事実ではなくても、脳が真実であると勘違いします。人間は、生存本能との関係で思い込みのほとんどはマイナスの出来事です。そして、脳が勘違いをするため、気を付けないとマイナスで塗り固められた記憶によって言動を支配されてしまいます。

このような性質を理解して、自分が不安になった時は、脳の勘違いで不安になっていることを理解できていれば、自らのコントロールがやりやすくなります。一番まずいのは、脳の勘違いによる不安感で言動を支配されてしまい、自滅してしまうことです。

このように人間は、油断すると本能的に悪いことにロックオンします。人間はすべてを自分の思い込み通りに進めます。人間は自分との対話においては「やっぱりな」という口癖が一番多いのです。そのため、人生は、思い込み通りの結果になるという性質があります。

人生が良い方向に向かうようにコントロールするには、自分にとっていいことにロックオンするという意思を持つことが大切です。「やっぱり上手くいく」という思い込みを持つことで大体のことはその通りに上手くいきます。私の場合も、行った施策はほとんど上手くいき、事業が毎年成長していたのですが、いつも「やっぱり上手くいった」ということが頭の中で口癖になっていました。

マイナスの思い込みの例ですが、私の場合、母親から虐待されたという過去があります。マイナスの記憶に塗り固められているため、油断をすると自分がやられたことと同じことを従業員や家族にやってしまうリスクが高いです。実際に若い時の私は、自分の言った通りに動かない友達に暴言を吐いたり、価値観の違う人間を非難していたので、友達はいませんでした。また、自分は価値がない人間であるという思い込みがあり、いつ周りから攻撃されないかオドオドして、人と話すことに恐怖を覚え、周りとまともにコミュニケーションが取れませんでした。

母親からされたマイナスの思い込みを消すために私は、母親から愛されたという事実を100個紙に書くことで、良い思い込みを脳に刷り込むようにしました。

その結果、自分は母親から愛されてきた価値のある人間であるという思い込みができるようになり、母親からされたことと逆の行動を取ることができるようになりました。

このように思い込みを書き換え、自分の成果に活用できるかが事業だけではなく、成功した人生を歩むために重要になります。

2　お金に対する考え方

◎　1日1回、決算をする

事務所のお金の流れは、毎日把握することが重要です。毎月把握すれば良いと思われるかもしれませんが、それでは不十分です。

例えば、ダイエットに成功している人は、朝と夜に体重を測定して毎日記録をしています。毎日測定することのメリットは目標に向けて、数字を微調整できるという点になります。

私の場合、3時間に一度はその日の事務所の売上をチェックします。さらに、売上は毎日記録し、どれぐらいの利益が出ているか常にチェックしていました。

利益の算出方法ですが、まず、1カ月に発生する出費（人件費、社会保険料、家賃、光熱費など）の合計金額を算出します。この合計金額が1カ月あたりの損益分岐点になります。つまり1カ月の合計の売上が出費の合計額を上回った分が利益になり、下回った場合にはその分が損失額になります。

出費の合計金額を算出したら次に、算出した出費の合計金額を営業日で割ります。そうすれば、事務所の１日あたりの損益分岐点を算出できます。

私の事務所ですと、１カ月あたりの出費の合計金額は５００万円になります。そして、営業日が20日であるため、１日の売上で25万円（５００万円÷20日）を超えた分が利益になります。一方で、25万円を下回った場合、その部分はそのまま赤字ということになります。

毎日売上と利益とをチェックすることで、１日、１週間、１カ月単位にて売上と利益が目標値をクリアできそうかの確認ができます。

そして、目標値のクリアが難しい場合、例えば売上が少ない場合には、提携先を増やす、既存顧客にアプローチをするなどのアクションを起こしたりなどの施策を実行します。

現状と目標とのギャップがある場合でも、早めに対応することで目標が達成できる確率は飛躍的に上がります。

また、赤字になって、事務所のお金が減る状態になっていることを早めに感知できるようになります。久しぶりに体重計に乗ったら、かなり肥満が進行していたなんて経験はないでしょうか？ ダイエットと同様に、売上と利益を毎日チェックしておけば、知らない間に大変な事態になっているということを防止することができます。

私の友人や顧客でも、数字を把握していないため、知らない間に莫大な赤字を出し、キャッシュアウトしてしまうということが本当に多いのです。

逆に収益を上げている企業ほど、経営者は数字に強く、細かく数字をチェックしています。

安定的に経営を継続するためには、会社の数字を細かくチェックすることが必須となります。

◎ 結婚について

ある起業家から結婚はしたほうがいいと私は言われたことがあります。その理由を聞いたところ「結婚する時に幸せで、さらに別れる時に倍幸せ」とのことでした。

また、私は結婚も自分の両親と同じように、自らの精神の修行に最適な人とするものだと考えています。そのため、精神の修行のために色々と大変なことが起きるものと認識しています。

私は当時の師匠からもすすめられて、上海人の４歳年下の妻と30歳の時に結婚しました。彼女はお金使いが荒く、貯蓄をしたことがない人でした。結婚した時には留学費用の借金があり、その借金を私が変わりに支払いました。

結婚してからはさらに金遣いが荒くなり、結婚記念の写真の撮影費用70万円など年収３５０万円のサラリーマンの私には支払いが困難な出費ばかりでした。

また、モラハラ気質もあり「大した稼ぎもないくせに」と罵られることもありました。さらに暴力癖もあり、馬乗りになって殴られる、首を痣が残るまで締められるなどは日常茶飯事でした。

一番辛かったのは子供を怒鳴ることでした。子供が宿題をやらなかったりすると、とてつもない大声で言葉汚く怒鳴り散らします。妻の怒鳴り声と、子供の泣き声とがあんまりにも酷かったため、近隣住民から虐待の疑いで通報され児童センターの人が自宅まで調査に来たこともありました。

その後、子供が生まれてからさらに毎月の支払いが増えていきました。さらに妻は仕事をしない人間で、私１人の収入では家計は火の車でした。大学時代にパチスロで貯めた私の貯蓄は凄まじい勢いで減っていきました。

このまま会社員をやっていても家族を養えないということもあり、２０１６年に独立開業しました。

仮に、妻が倹約家で、さらにしっかりとした収入のある職業に就いていたら、今も会社員をしていたと思います。独立開業できたのは妻のおかげでした。

独立してからは1年目から非常に好調でした。家計が火の車だったこともあり、必死に働いたということが要因だったと思います。

正直こんなに上手くいくとは思っていませんでしたが、会社員時代の年収から1・5倍になりました。

「これで生活も楽になる」と私は考えていましたが、とんでもない誤算であることを後で思い知ることになります。

妻からは今の年収がどれぐらいか頻繁に聞かれていました。独立1年目の会社員時代から増えたことを伝えると、なんとさらに金遣いが荒くなっていきました。ある日帰宅すると、家のリビングには見たこともない水槽が置いてあり、熱帯魚が泳いでいました。また、見たことのない絵画が部屋に飾られていましたし、ハイブランドの鞄が増えていきました。

「これはまずい。もっと頑張って稼がなければいけない！」と私はさらに努力しました。結果、独立2年目の年収が会社員時代の４倍になりました。「これでやっと生活が楽になる」と考えていましたが、案の定、妻の金遣いはさらに荒くなり、ハイブランドの鞄や財布やアクセサリーに宝飾品が増えていきました。

「やばい！もっと頑張って稼がなければいけない！」と私がさらに努力する…。

こんなことを5年ほど繰り返しました。

今思うと、まるでどんどん逆走するスピードが速くなるランニングマシーンを走っているかのようでした。または、昔、漫画であったドラゴンボールの重力がどんどん重くなる部屋で修行しているかのような状況でした。

しかし、妻がいなければここまで一生懸命に働かなかったのは事実です。やはり配偶者というのは自分自身の成長のためにいるのだと実感しました。

その後、疲れ果てた私は周りの経営者の友達からも「大丈夫か？顔色悪いぞ。少し休んだらほうがいいぞ。」と言われるまでになりました。

妻の浪費癖と、モラハラと暴力については、その後もエスカレートしていきました。さらに目の前で子供を怒鳴るということが、自分自身が持っているトラウマとの関係で辛かったため、開業してから4年目からは妻と子供たちとを上海に行かせ別居することになりました。

別居してから3カ月後のことでした。コロナウィルスが蔓延して、中国と日本との行き来が制限されるようになりました。

ここから3年間、私は子供たちと会えていないのですが、これほど寂しく辛いものはないと感じました。さらに、私が多めに仕送りしてプールしていたお金にも関わらず妻が2年契約のエステ費用として350万円を勝手に使い込んでいたことも発覚しました。弁護士に相談しましたが「泥棒に家の鍵を渡している、君が悪い」と一蹴されてしまいました。

しかし、このような出来事を含めて、すべてが自分を成長させるための糧になるものだと考えています。

起業した時は、忙しかったのはありますが、確かに私は家を空けることが多く、あまりいい父親ではなかったです。

ただ、今回の経験から、もしまた子供達に再開できるのであれば、次は子供達との時間を大切にしようと考えるようになりました。

現在は、離婚の協議中ですが、「結婚する時に幸せで、さらに別れる時に倍幸せ」という言葉を思い出すのでした。

原田貴史（はらだ・たかし）
弁理士。認定支援機関中小機構国際化支援アドバイザー。原田国際特許商標事務所代表弁理士。専門分野：ビジネスモデル特許・国際特許・商標。福岡県北九州市出身。1979年生まれ。会津大学大学院コンピュータ理工学研究科情報システム学専攻・修了。メーカー就職後、働きながら5年目に弁理士資格取得。特許事務所に転職し3年半勤務を経て独立する。開業後、毎年160～250％の成長。開業4年で年商1億円。6年で事業規模を20倍にする。2年目に商標申請数が埼玉県で1位、4年目に全国で2位になる。

URL：https://tokkyo-shinsei.com/

士業事務所《しぎょうじむしょ》で年収《ねんしゅう》3000万円《まんえん》を目《め》指《ざ》すノウハウ

2023年4月19日　　初版発行

著　者　原　田　貴　史
発行者　和　田　智　明
発行所　株式会社　ぱ る 出 版

〒160-0011　東京都新宿区若葉1-9-16
03(3353)2835－代表　03(3353)2826－FAX
03(3353)3679－編集
振替　東京　00100-3-131586
印刷・製本　中央精版印刷（株）

ISBN978-4-8272-1388-1　C0034